LA COMPAGNIE NÉERLANDAISE

des

PÉTROLES de SALT-CREEK

(Pétroleum Maatschapy - Salt-Creek)

(Wyoming, U. S. A.)

UNE GRANDE ENTREPRISE PÉTROLIFÈRE

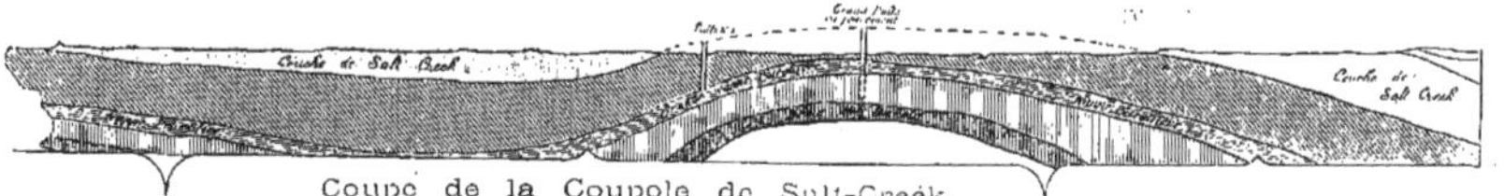

Coupe de la Coupole de Salt-Creek

NOTICE

Le Wyoming.

On a trop étudié, en France même, les nouveaux champs pétrolifères du Wyoming pour que nous nous étendions beaucoup sur eux. Leur valeur a été d'ailleurs confirmée d'une manière éclatante par l'éminent géologue américain W. Hill, dans son rapport au gouvernement fédéral, et il considère le Wyoming comme la plus belle réserve sur laquelle puissent compter les Etats-Unis à la veille de l'application générale du pétrole à bord des grands navires de guerre américains. Mais en dehors de lui et en vue de l'exploitation industrielle des gisements pétrolifères du Wyoming, d'autres géologues, parmi les plus autorisés, avaient étudié la région et démontré la richesse des gisements : *M. Boverton Redwood*, le savant géologue anglais, *M. le Dr Wilbur Knight* qui s'est consacré entièrement à l'étude du Wyoming, et enfin le *Dr Cesare Porro*, que ses remarquables travaux sur la formation des nappes pétrolifères ont classé au premier rang, sont venus affirmer l'existence des grandes richesses en pétrole que contient le Wyoming. C'est, on peut le dire nettement, l'une des plus belles régions pétrolifères du monde.

Les exploitations pétrolifères dans le Wyoming.

La mise en valeur d'une nouvelle région pétrolifère est toujours longue, car il importe de l'étudier à fond et d'en démontrer la valeur. Il y a donc eu au Wyoming comme partout ailleurs, une première période de tâtonnements, et les transformations d'une des principales sociétés qui entreprirent sa mise en valeur en sont la conséquence. Aujourd'hui la période du début est passée, on entre dans la période d'exploitation, de rendement.

Les Hollandais, qui avec leur grand sens pratique des affaires, procèdent méthodiquement et sûrement, ne pouvaient, eux qui se sont spécialisés dans les entreprises de pétrole et possédant une organisation de premier ordre, rester indifférents à la découverte d'une nouvelle région pétrolifère. Avec leur puissante *Royale Dutch Pétroleum* qui est au capital de 80 millions de florins ne sont-ils pas partout ? Ils exploitent aux Indes, en Californie. Ils contrôlent la puissante *Strell Transport de Londres*, la *Steana Romana*. Ils sont à la tête de trois ou quatre trusts de pétrole

Puits n° 1 sur le Salt-Creek, propriété de la Compagnie Néerlandaise des Pétroles de Salt-Creek.

allemands, russes et danois. On devait les retrouver au Wyoming. Ce fut le conseiller même de la Royale Dutch Petroleum, M. le Docteur Cesare Porro qui, après une étude approfondie du Wyoming leur indiqua le district de Salt-Creek, comme constituant la meilleure formation géologique. Il avait retrouvé là la formation en coupole qui représente le type le plus parfait du gisement pétrolifère et, afin qu'il ne pût rester aucun doute sur l'existence de cette coupole et de la nappe souterraine, il leur conseillait de forer tout d'abord non loin du point culminant du dôme un puits qui devait recouper une première nappe à 1.100 ou 1.200 pieds, la grande nappe devant se trouver, si aucune fracture ne s'était produite, entre 2.500 et 3.000 pieds.

Un Puits jaillissant. — Démonstration de la richesse du Salt-Creek.

Dans les notices qui furent publiées récemment par une Société franco-américaine, on put voir des photographies représentant le puits jaillissant dont le fonçage à une assez grande profondeur indiquait nettement la présence des nappes souterraines. C'est ce puits qui appartient à la *Société Néerlandaise des Pétroles de Salt-Creek*. Foncé suivant les indications du Dr Cesare Porro il rencontra à une profondeur de 50 pieds une première couche imprégnée d'huile; à 1.000 pieds, on rencontrait une couche de grès riche en huile. La production, qui était de quelques barils par jour passait alors à 150 barils d'une huile très supérieure. Le fonçage fut poussé jusqu'à une profondeur de 1.150 pieds et rencontra alors la nappe dite *« French Well »* indiquée par le Dr Cesare Porro. La production atteignit alors 400, puis 500 barils avec une pression telle que l'huile montait par son action propre. La régularité des couches ainsi démontrée il n'y avait pas de raison d'aller plus loin, car il fallait maintenant assurer le transport du pétrole.

Fonçage d'un grand Puits Central et construction d'un Pipe-Line.

Le succès obtenu par la *Société Néerlandaise des Pétroles de Salt-Creek* eut un grand retentissement dans la région car il confirmait d'une manière éclatante l'existence des grandes nappes souterraines superposées indiquées par les géologues, mais la partie centrale du grand dôme de Salt-Creek appartenait à la Société Néerlandaise qui se propose d'y forer un grand puits central dont le rendement, à en juger par celui du puits N° 1, sera considérable car il doit aller rejoindre la grande nappe pétrolifère du Dakota. Ce jour là le Wyoming possédera son premier grand puits jaillissant, comme ceux de Bakou.

Mais avant d'achever le fonçage du grand puits, une question très importante devait être tranchée : c'est celle des transports. Il ne fallait pas songer à faire parcourir 60 kilomètres par voiture aux milliers de barils qui allaient sortir des puits. La construction d'un pipe-line s'imposait d'autant plus que de côté et d'autres des exploitations s'organisent à qui il ne manquera que les moyens de transport. La Compagnie décida donc la construction du pipe-line. Il coûtera 3 millions de francs, mais il aura une capacité de transport d'environ 10.000 barils par jour. Or, actuellement les frais de transport seuls représentent *2 francs par baril de 160 kilos*. On peut se rendre compte par cela même de la belle opération financière que constitue la construction de ce pipe-line. On estime que ce pipe-line sera achevé dans quatre mois environ.

COUPOLE DE SALT-CREEK

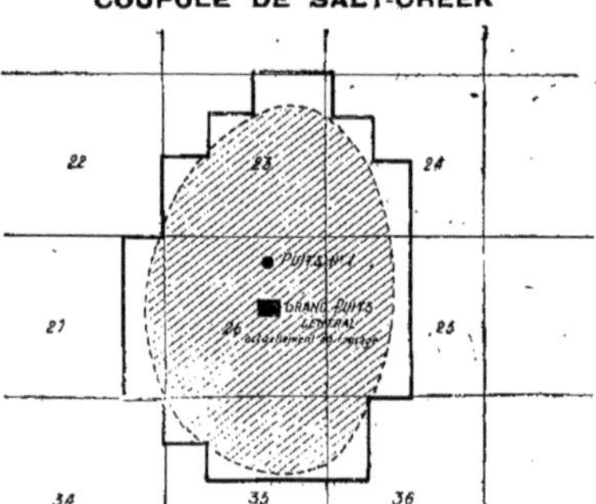

Les numéros indiquent les concessions de la Cie Néerlandaise sur la coupole.

Production de la Compagnie Néerlandaise des Pétroles de Salt-Creek.

La *Compagnie Néerlandaise des Pétroles de Salt-Creek* est destinée à devenir le plus grand producteur d'huile du Wyoming et elle sera le client le plus important du pipe-line, car en dehors de son premier puits qui lui donne 500 barils et qui pourra lui en donner 800 grâce à un agencement spécial, elle a actuellement 100.000 barils qui attendent dans un réservoir l'achèvement du pipe-line. De plus, avec le pipe-line, va commencé, pour la Compagnie Néerlandaise l'exploitation intensive de ces gisements dont le puits N° 1 n'est que le début. Son premier acte, dès la construction du pipe-line décidée, a été de commencer le forage du grand puits central qui doit, à travers la nappe du puits N° 1 et à travers la couche des grès du Dakota aller retrouver à 3.000 pieds la grande nappe pétrolifère. Ce puits sera achevé en même temps que le pipe-line.

La puissance de transport du pipe-line est évaluée à 10.000 barils par jour et, selon toutes probabilités, les deux premiers puits en fourniront à eux seuls la moitié.

Domaine minier de la Compagnie Néerlandaise.

Le grand puits central venant ajouter sa production à celle du puits existant assurera, certes, à la Compagnie un appoint considérable, mais ce ne sera encore qu'une exploitation partilele de son vaste domaine. Elle possède, en effet, dans la région, 8.000 acres de concessions dont 2.000 sont situés sur la fameuse coupole de Salt-Creek. Or, on admet en général un puits par acre. On voit par là que, quelle que soit l'extension que donnera la Compagnie Néerlandaise à son exploitation, elle conservera toujours une formidable réserve qui lui assurera longtemps encore le premier rang parmi les entreprises pétrolifères du Wyoming.

Résultats financiers.

Faut-il, dans cette étude, établir le rendement probable d'une entreprise comme celle qui nous intéresse? C'est là une chose fort délicate, car nous resterons forcément très au-dessous de la vérité; trop au-dessous même, pour que nos chiffres soient intéressants. Il est, en effet, deux éléments essentiels qui, dans six mois, nous permettraient de serrer les chiffres de près, mais qui nous font défaut aujourd'hui. C'est, tout d'abord, le rendement du grand puits central et le trafic que les exploitations voisines pourront assurer au pipe-line.

Actuellement, le transport du pétrole coûte, avons-nous dit, environ 2 francs par baril. En se basant sur le pétrole déjà accumulé, c'est 200.000 francs de bénéfices déjà assurés à la Compagnie. Son puits nº 1 lui assure de son côté 500 barils au minimum, avec un bénéfice qui ressortira au moins à 3 francs par baril, soit près de 500.000 francs par an. A combien pouvons-nous évaluer le rendement du grand puits? à un chiffre triple ou quadruple du puits nº 1. Mais pour rester très au-dessous de la vérité, nous voulons ne l'évaluer qu'à 2.000 barils. Ce serait un bénéfice assuré de près de 2 millions en sus.

Enfin il nous est difficile de faire entrer en ligne de compte le rendement complet du pipe-line quoique, à très bref délai, soit par la Compagnie, soit par les exploitations voisines, il doive être entièrement employé. Le moins que nous puissions admettre, au lieu des 2.000.000 de francs prévus, c'est la moitié, soit un million. Au total :

Puits nº 1	Fr.	500.000
Grand puits	—	2.000.000
Puits nouveaux	—	Mémoire.
Pipe-line	—	1.000.000
Soit par an	—	3.500.000

C'est-à-dire *35 0/0 du capital.*

Mais, disons-le nettement, nous sommes très au-dessous de la moyenne que la Compagnie doit normalement atteindre, tant comme rendement en pétrole que comme bénéfices sur le prix de vente et surtout comme rendement du pipe-line.

Si on tient compte que le capital de la Société est de 10.000.000 de francs, on peut se rendre compte que le rendement ci-dessus, quoique très inférieur à ce qu'il doit être, sera encore très largement rémunérateur.

Nous sommes d'ailleurs ici en présence d'une entreprise à ses débuts, ne l'oublions pas, et qui doit à bref délai assurer à ses actions de très gros dividendes. Cette entreprise a fait ses preuves; l'avenir s'ouvre devant elle, large et découvert. Il faut la suivre sans hésitation.

PETROLEUM MAATSCHAPY SALT-CREEK

Siège social à LA HAYE, 22, Lange Houtstraat.

Capital : 5.000.000 de florins, divisés en 50.000 actions de 100 florins. — Il n'existe pas de Parts de fondateurs.

CONSEIL D'ADMINISTRATION :

1º **D. K. LEDEBOOR NOORDEINDE**, La Haye;
2º **C. M. A. de RYCK van der GRACHT**, Bockhorststraat, 25, La Haye;
3º **JONKHEER J. A. W. L. CORNETS de GROOT van KRAAYENBURG**, Ryswyk, près La Haye;
4º **H. L. MORRA ANTONY**, Duyckstraat, La Haye;
5º .... }
6º .... } (Sièges réservés aux administrateurs Français).
7º .... }

Ingénieur à Salt-Creek :

C. **KERBERT**, Ingénieur à Casper.

Avocat-Conseil de la Société :

Me **J. ADDINK**, Avocat près la Cour de Cassation, La Haye.

Banquiers de la Société :

BANQUE FRANCO-AMÉRICAINE, 22, place Vendôme, Paris.
HELDRING & PIERSON, Lange Voorhout, La Haye.

CARTE DE L'ETAT DU WYOMING (*États-Unis d'Amérique*)

Légende

- Limite de l'Etat.
- d° des Comtés.
- Chemins de fer existants.
- Pipe Line à l'étude.
- Chemins de fer projetés.
- Propriétés pétrolifères.

MONTANA
IDAHO
UTAH
COLORADO
NEBRASKA
SOUTH DAKOTA
YELLOWSTONE NATIONAL PARK
BIG HORN
SHERIDAN
CROOK
WESTON
CONVERSE
NATRONA
FREMONT
SWEETWATER
UINTA
CARBON
ALBANY
LARAMIE
SHOSHONE OR WIND RIVER INDIAN RESERVATION
Newcastle
Douglas
Harrison
Harrisburg
Kimball
Cheyenne

BANQUE
de
L'UNION FINANCIÈRE DE PARIS

SOCIÉTÉ ANONYME
au Capital de 500.000 francs

Téléphone : 305-01
Adresse Télégraphique : UFINAN-PARIS

Paris, le I3 Mai I9I0.

M

Nous avons l'honneur de vous expédier inclus la notice relative à la SOCIÉTÉ NÉERLANDAISE DES PÉTROLES DE SALT-CREEK dont les actions doivent être introduites le 20 Mai sur le marché de Paris.

Cette opération est attendue avec le plus vif intérêt et son succès ne fait pas de doute. Il peut donc en résulter une très forte plus-value dont il serait habile de profiter en se mettant à même d'obtenir les titres au cours d'introduction.

Nous serions en mesure d'assurer à nos clients une certaine quantité d'actions au cours d'introduction mais à la condition que leurs demandes nous parviennent pour le 20 Mai, avant la Bourse, car nous ne pouvons assurer l'exécution des ordres qui nous arriveraient après l'ouverture.

Nous ne dirons rien ici de l'entreprise, qui est de premier ordre, et dont les perspectives d'avenir ressortent à la lecture de la notice. On a, dans les milieux financiers, la plus grande confiance dans son avenir et nous en avons fait, dans le « Conseiller des Capitalistes » une étude qui permettra à nos clients de l'apprécier à sa valeur.

BANQUE DE L'UNION FINANCIÈRE
DE PARIS.

SOCIÉTÉ FRANÇAISE

D'EXPLOITATION FORESTIÈRE AU SÉNÉGAL

Société [illegible] à responsabilité limitée

par parts d'intérêts et de propriété, constituée en 1908

Siège d'exploitation: Pout (Sénégal)

Siège social: [illegible], Rue de Sèvres, Paris

Son objet,

Ses études,

Son avenir

RAPPORT DE L'ADMINISTRATEUR DÉLÉGUÉ

Octobre 1911

TABLE DES MATIÈRES

HISTORIQUE

de la

Société Française d'Exploitation Forestière au Sénégal

Cette Société, constituée sous la forme civile en février 1908, comprend 850 parts de propriété et d'intérêts ; elle a émis, en outre, 1.000 obligations 5 % au capital de 300 francs, remboursables à 375 francs, par tirages, à partir de 1915.

SON OBJET

Cette Société devait étudier la mise en exploitation de la concession Barthélemy, dont elle s'était rendue acquéreur au Sénégal, elle devait exploiter les écorces de baobab et, les premières études et essais terminés, devait se transformer en Société anonyme pour donner à ses exploitations toute l'intensité industrielle et commerciale qu'elles comportaient.

De 1908 à 1909, la Société d'Exploitation Forestière au Sénégal, représentée par M. Barthélemy comme directeur général des exploitations, fit son établissement à Pout, gare du chemin de fer de Dakar à Saint-Louis, à 56 kilomètres de Dakar.

Elle y installa son outillage et confectionna des échantillons sur lesquels l'administration de Paris devait obtenir des assurances de débouchés.

Après diverses démarches et tentatives, il fut reconnu que seules les écorces brutes du Baobab Adansonia étaient susceptibles de vente à des prix rémunérateurs.

Les premiers essais et tâtonnements durèrent plus longtemps qu'il n'était permis de l'augurer au premier abord, et ce n'est qu'en novembre 1910 que les porteurs de parts de la Société purent être avisés des résultats obtenus et en même temps de l'opportunité de transformation ou fusion avec une compagnie anonyme de la Société civile.

C'est à cette époque que nous fûmes envoyés au Sénégal pour contrôler l'exploitation, de 1908 à 1910, établir les chiffres définitifs du commerce des écorces Adansonia et les facilités d'établissement d'industrie pour la nouvelle Compagnie destinée à suivre la Société actuelle d'Exploitation Forestière au Sénégal.

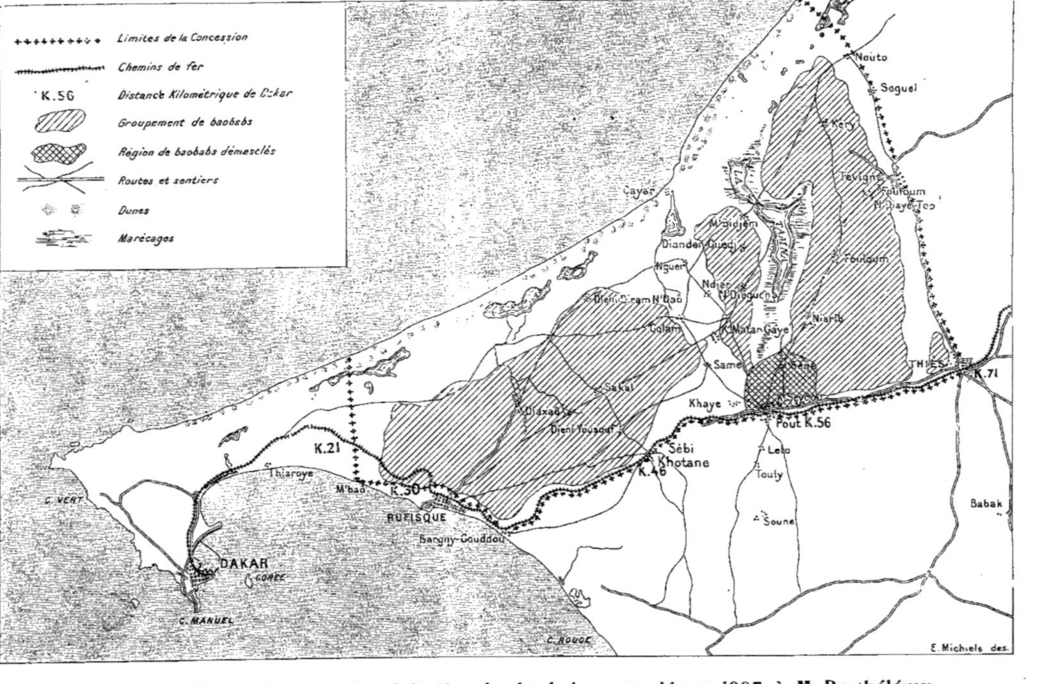

Carte de la Concession pour l'exploitation des baobabs, accordée en 1907 à M. Barthélémy par le Gouvernement général de l'Afrique Occidentale française (Durée de la concession, 20 ans, *renouvelables*).

(Cette concession est actuellement la propriété de la Société Française d'Exploitation Forestière au Sénégal)

PRÉFACE

Partis pour le Sénégal le 14 novembre 1910, après l'assemblée générale extraordinaire du même jour, afin de juger par nous-mêmes s'il était réellement possible de pratiquer une industrie à Pout, siège d'exploitation de la Société Française d'Exploitation Forestière au Sénégal, nous sommes arrivés à destination le 24 novembre 1910.

Au fur et à mesure de nos observations, nous en avons fait part au comité de direction dans de longues lettres que nous n'avons pas cessé de lui adresser durant les huit mois de durée de notre séjour au Sénégal.

Nous ne nous sommes pas, en effet, contentés de remplir strictement notre mission, nous nous sommes, en outre, appliqués à rechercher et arrêter tout ce qu'il était réellement et pratiquement *possible de faire dans la région où la Société Française d'Exploitation Forestière au Sénégal est solidement établie.*

Nouveaux venus dans le pays, nous nous sommes entourés, pour ce faire, de tous les renseignements et conseils que nous avons pu obtenir et contrôler de la part de vieux coloniaux; nous devons en particulier et à ce sujet des grands remerciements aux représentants de l'administration des cercles de Thiès et de Tivahouane (sur lesquels chevauchent les concessions de la Société Française d'Exploitation Forestière du Sénégal).

Ce devoir de reconnaissance accompli, voici le résultat de nos observations.

Y a-t-il possibilité à l'époque actuelle, d'introduire avec fruit, à Pout, l'industrie de la fabrication de la pâte à papier ou de la distillation de l'alcool ?

avec les écorces ou bois du Baobab Andansonia

De l'avis de la plupart des coloniaux consultés et du nôtre, cette question est tranchée par la négative pour les raisons suivantes :

1° *Coût et délais du transport des machines d'Europe à Dakar et de Dakar à Pout;*

2° *Difficultés du montage des machines : il faudrait faire venir une équipe d'ouvriers spéciaux; les mécaniciens sont rares au Sénégal et coûtent d'ailleurs* 40 *francs par jour environ;*

3° *Difficultés du rassortiment des pièces de rechange.*

A la moindre avarie, il faudrait commander en Europe les pièces nécessaires, à moins d'avoir et de garder intactes *toutes les pièces en double ou multiples exemplaires;*

4° *Cherté du combustible.*

Le charbon industriel revient à Pout même à 50 francs la tonne, *prix minimum — chiffre donné par MM. Caland, commissionnaires à Dakar, — prix double de celui qu'obtient l'industrie en France. Ne pas oublier que la* fabrication de pâte à papier exige 2 kilogr. de charbon par kilogr. de pâte. *Il n'est pas possible à Pout d'utiliser le bois comme combustible, l'administration de l'agriculture a pris des mesures contre le déboisement;*

5° *Pénurie d'eau.*

Durant les huit mois de la période sèche, l'eau n'est fournie que par les puits et seulement pour les besoins domestiques. En particulier pour l'industrie du papier, il ne faut pas oublier qu'il est besoin de 500 litres d'eau pure par kilogr. de pâte;

6° *Cherté du personnel.*

Le personnel de toute usine établie à Pout devrait avoir des salaires plus élevés qu'en Europe, si l'on emploie des Européens. Le recrutement et l'éducation d'ouvriers indigènes demanderaient de longs délais; nous avons l'exemple du chemin de fer de Dakar à Saint-Louis qui emploie sur ses machines des mécaniciens et chauffeurs noirs.

Or de diverses conversations que nous avons tenues avec M. Behr, directeur de l'exploitation de ce chemin de fer, nous avons été convaincus que l'emploi de cette main-d'œuvre indigène pour l'industrie ne va pas sans de grands inconvénients et de « fortes casses » (compensés au chemin de fer par leurs tarifs de transport élevés, impossible à compenser pour une usine coloniale devant lutter de prix avec celles d'Europe).

De toutes les difficultés qui précèdent, il résulte qu'il est impossible à l'heure actuelle de pratiquer utilement *à Pout l'industrie de la fabrication de pâte à papier, de même que toute autre industrie demandant, avec une main-d'œuvre intelligente, de l'eau et du charbon.*

Nous nous retrancherons d'ailleurs derrière l'avis d'un ingénieur papetier, M. Porphyre, d'Angoulême, venu en mission au Sénégal au début de 1911 *et qui, dans son rapport, a traité de « fumisterie » le projet de fabrication de pâte à papier* au Sénégal.

Pour la distillation de l'alcool tiré des bois du Baobab, il semble bien que la question soit tranchée de suite dans le sens négatif si l'on s'en tient aux divers avis émis sur l'utilisation du bois, par MM. Outhenin-Chalandre, 74, rue Vieille-du-Temple, Paris; Ide et Christie, commissionnaires, Londres; Porphyre, ingénieur, Angoulême, etc.

La distillation de l'alcool extrait de cette matière ne peut, en effet, être envisagée qu'autant que le bois du Baobab laminé et pressé peut être utilisé ensuite. Or, d'après les avis autorisés ci-dessus, il semble, en définitive, qu'il faille abandonner actuellement toute idée d'exploitation pratique du bois de baobab.

La seule industrie possible actuellement serait, à notre avis, la fabrication de cordes à la main (1) *avec les fibres de l'écorce du Baobab.*

La seule difficulté résiderait dans le recrutement des cordiers indigènes.

L'écoulement des cordes fabriquées à Pout pourrait se faire à la colonie même, cette production forcément limitée pourrait, avec les prix pratiqués au Sénégal, laisser sur cet article 50 % *environ de bénéfice.*

Il ne faudrait d'ailleurs pas songer à écouler cette production ailleurs qu'au Sénégal.

En effet, suivant essais officiels aux Arts et Métiers, la corde de Baobab vaut un peu mieux que la corde de coco.

Or, le prix de la bourre de coco s'établit à 250 *francs environ la tonne.*

Comme la filasse est tirée de l'écorce du Baobab à raison de 333 *kilogr. de filasse pour* 1.000 *kilogr. d'écorces, valant* 175 *francs en Europe, comme il faut en outre tenir compte des frais de fabrication, la tonne de* 1.000 *kilogr. de filasse seule devrait être vendue en Europe,* au minimum : $175 \times 3 = 525 + 105$ *fr. de fabrication* = 630 *francs, ce qui est impossible.*

(1) La filasse obtenue avec de la fibre du Baobab, ne peut être filée mécaniquement. (Avis de MM. Saint, Paris, de la Direction de l'École de Tissage de Lille).

AVANT-PROPOS

Nous envisageons dans les pages suivantes les divers commerces et exploitations susceptibles d'être actuellement et de suite pratiqués *avec fruit* dans les régions de Pout et de Sébikotane, endroits où la Société Française d'Exploitation Forestière est établie.

Nous insistons sur les facilités que présentent ces commerces dans des régions où les agents de la Société Forestière sont les seuls Européens, où ils n'ont par conséquent pas à craindre de concurrence sérieuse, comme on le verra par la suite.

Nous insistons, en outre, sur ce fait que la plupart des matières vendues par les indigènes (charbon de bois, paille d'arachides, mil, arachides, etc.) sont apportées aux établissements mêmes de la Société à Pout et à Sébikotane, à proximité immédiate des gares.

EXPLOITATION ET COMMERCE DU BAOBAB

CONCESSION

Nous rappellerons que la concession pour cette exploitation comprend 125.000 hectares, limités de M'Bao à Thiès par la ligne du chemin de fer de Dakar à Saint-Louis, de Thiès et de M'Bao à la mer par une ligne idéale.

Cette concession, établie au nom de M. Barthélemy, a été publiée au *Journal Officiel* de l'Afrique occidentale française dans son numéro du 22 août 1907, M. Barthélemy en a fait apport à la Société Française d'Exploitation Forestière à sa constitution en février 1908.

Soit donc une valeur totale de vingt millions de francs d'écorces *pour un premier démasclage*. (*On peut démascler à nouveau tous les cinq ans*).

Ce simple calcul donne une idée de la valeur de la concession que possède la Société Française d'Exploitation Forestière au Sénégal.

SIÈGE D'EXPLOITATION

Depuis 1908, le siège d'exploitation a été établi à Pout par M. Barthélemy, directeur général de nos exploitations.

Baobab creux

VALEUR DE LA CONCESSION

De même que l'on évalue au cubage la valeur de mines métalliques, par exemple, il est facile de fixer la valeur de cette concession pour les écorces Adansonia à démascler (nous avons vu plus haut que seules les écorces Adansonia étaient intéressantes).

Si nous comptons cinq Baobabs par chaque hectare en moyenne, ce qui est on ne peut plus modéré, nous obtenons un total de 625.000 arbres.

Chaque Baobab rend une moyenne de deux cents kilogr. d'écorce sèche, certains donnent jusqu'à 600 kilogr.

Nous ne compterons que sur 200 kilogr., soit, pour 625.000 arbres, 125 millions de kilogr. ou 125.000 tonnes d'écorces sèches d'une valeur marchande de 160 francs environ chaque.

Là sont réunis les matériels de transport, les outillages de démasclage, les presses, etc., nécessaires à l'exploitation du Baobab. On y trouve également des locomobiles, broyeurs mécaniques, jeux de meules, matériel de scierie, de filature, etc., le tout ayant servi aux essais.

SITUATION DES GROUPEMENTS DE « BAOBABS » LEGITIMANT L'ETABLISSEMENT DE CHANTIERS

Nous n'avons pu parcourir en totalité et en tous sens l'étendue des 125.000 hectares de cette concession pour fixer exactement les plans de tous les groupes importants de baobabs. En particulier, pour la région de M'Bao à Sébikotane, nous allons seulement indiquer, en suivant la voie ferrée, les endroits où les baobabs se trouvent suffisamment nombreux pour permettre l'établissement de chantiers. Nous prendrons comme repère les distances kilométriques du chemin de fer.

Avant d'arriver à Rufisque (kil. 29) et à partir du kil. 24 jusqu'à 100 mètres de la gare, des groupes très importants se succèdent le long de la ligne, les arbres se pressent là par milliers et leur proximité de Rufisque rendrait très facile et peu onéreux le transport de la production.

D'autre part, il serait possible d'embarquer le tonnage produit à Rufisque même où les bateaux de commerce touchent pour charger les arachides, d'où suppression des frais de transport par voie ferrée. Ainsi en installant des chantiers dans ces groupes de baobabs, on obtiendrait forcément des prix de revient moins élevés que ceux qui sont établis à Pout par exemple.

Rufisque, la population européenne ne comprenant que le chef de gare.

De Sébikotane à Thiès, en passant par Pout, nous avons parcouru à cheval et dans tous les sens, la région bornée d'un côté par la ligne, de l'autre par la mer et enfin par la route de Thiès Nouto, nous avons ainsi reconnu d'immenses futaies de baobabs, en particulier aux environs de « la Tamna », nous renvoyons d'ailleurs à l'examen de la carte que nous avons dressée et où sont indiquées par une teinte toutes les régions susceptibles de justifier des chantiers de démasclage.

EXPLOITATION, PRIX ET BENEFICES.

Durant tout notre séjour au Sénégal, nous nous sommes

Premiers essais de démasclage et pressage des écorces de Baobab. Année 1907 (M. Barthélemy)

occupé d'établir les prix de revient les plus réduits pour cette exploitation. Nous n'avons envisagé que l'écorce même, le bois du baobab ne présentant *actuellement* aucun intérêt comme on l'a vu précédemment.

Devant l'importance des groupements de baobabs autour de Rufisque, devant la facilité d'exploitation, de transport et de ravitaillement, résultant de la proximité de la dite ville avec quais pour embarquement, on ne s'explique même pas pourquoi les premiers chantiers de démasclage ont été établis presque aux confins de la concession aux environs de Pout, où les ressources étaient nulles et où l'on devait se trouver, surtout avec des machines, en butte à de continuelles difficultés.

A partir de Rufisque, les baobabs sont fort peu groupés jusqu'au kil. 32, où nous trouvons un petit groupe d'une centaine d'arbres environ.

Un groupe plus important se présente au kilom. 35. d'autres lui succèdent sans interruption à 1 ou 2 kil. de la ligne jusqu'au kilom. 38. L'établissement de chantiers serait indiqué dans cette région.

Au kilom. 30, du kil. 41 à 42, du kil. 44 et 45 et autour de la gare de Sébikotane (kil. 46) se succèdent des groupes importants, les chantiers à y établir devraient transporter leur production à la gare de Sébikotane.

Nous pouvons, pour les groupes de baobabs qui avoisinent Sébikotane, faire la même observation que pour ceux de Rufisque.

Les expéditions de ce point de la ligne permettraient de réaliser une économie de 2 francs par tonne sur le prix de transport actuellement payé à Pout.

Cependant Sébikotane ne présente pas les ressources de

ETABLISSEMENT DES CHANTIERS.

Il est possible, comme nous l'avons vu plus haut, d'établir un grand nombre de chantiers dans toute l'étendue de notre concession, leur établissement ne dépend que de l'importance des contrats de livraisons qui peuvent être obtenus au début de chaque campagne de production, c'est-à-dire vers octobre de chaque année.

Chaque chantier devra avoir à proximité les cases des travailleurs, les presses et une maison démontable pour le directeur des travaux.

De cette façon, et au fur et à mesure de l'avancement du démasclage, directeur, contremaître, travailleurs et presses suivront les chantiers.

Cette méthode permet d'éviter toute perte de temps pour la mise en train et la surveillance quotidienne de chaque chantier. Elle permet en outre de supprimer en partie le transport en vrac des écorces sur plusieurs kilomètres pour arriver aux presses, elle permet d'éviter une manutention, puisque les balles pressées seront directement transportées à la voie ferrée pour l'expédition.

Le ravitaillement des travailleurs en denrées de première nécessité serait assuré par les bourricots revenant sans charge des gares. Ce ravitaillement ferait l'objet de bénéfices pour la compagnie, attendu que les articles commandés directement à Rufisque seraient majorés de 25 % environ, comme il est d'ailleurs fait partout. Nous ne tenons pas état de ce bénéfice qui, avec 80 hommes, pourrait atteindre facilement quatre cents francs par mois.

ESSAI PRATIQUE.

Un essai dans ce sens a été tenté à Pout par un Européen vendant aux travailleurs que nous employions. Sur 1.000 fr. de paye, 700 francs passaient dans la boutique qui n'avait pas plus de 1.000 francs de marchandises.

MAIN-D'ŒUVRE.

Nous avons, quant à nous, facilement trouvé la main-d'œuvre indigène qui préfère travailler aux baobabs plutôt que de faire le métier de « docker » à Rufisque ou à Dakar.

La main-d'œuvre locale est même suffisante pour un seul chantier comprenant 80 travailleurs. (Région de Pout.)

En cas de production intensive, le recrutement de la main-d'œuvre nécessaire nous serait facilitée par MM. les administrateurs des cercles de Thiès et de Tivahouane.

Nous pourrions même dans ce dernier cercle acheter directement aux indigènes, sans établissement de chantier. (*Lettre de M. l'administrateur de Tivahouane.*)

Etablissement du centre d'exploitation à Pout.
Confection des balles pour échantillons. — Année 1908 (Sté Forestière.)

Pressage des écorces de Baobab.
Campagne 1909-10 (Sté Forestière du Sénégal.)

M. Dreyfus, administrateur de Thiès, nous a en outre et personnellement fait recommander aux chefs de villages de son cercle pour nous faciliter l'embauchage de travailleurs, même en grandes quantités.

PRIX DE LA MAIN-D'ŒUVRE.

Ceux-ci coûtent en moyenne 1 fr. 50 à la journée. Nous préférons de beaucoup les payer à la tâche, nous obtenons une production moyenne plus élevée de 50 % ; les noirs y trouvent d'ailleurs leur compte, ce mode de paye leur permettant de gagner jusqu'à 2 francs 50 par jour :

CHEMIN DE FER. CHARGEMENT ET DÉCHARGEMENT.

Le tarif est de 0.13 centimes au kilomètre, il variera suivant l'endroit des chantiers. Nous devons actuellement charger à la gare de notre concession la plus éloignée de Dakar (56 kilom. = 7.30), plus 0,50 de chargement et déchargement au port, forfait de la Compagnie en chiffres ronds........................ 8 »

VAPEURS. CHARGEMENT ET FRET.

Le chargement sur vapeur est à la tonne d'environ 6 »

Coin du premier chantier de demasclage. — Campagne 1909-10

De cette façon, la main-d'œuvre de démasclage revient à la tonne à............................Fr 30 »

Transport aux presses, à la tonne, (5 hommes payés à raison de 1 fr. 25 chaque)..................... 2 »

MAIN-D'ŒUVRE DES PRESSES.

Celle-ci constituée par des équipes expérimentées est payée au tarif de 2 francs par homme et par jour Chaque équipe est composée de 4 hommes et, par deux équipes est adjoint un aide payé à raison de 1 fr. 25, pour confection des liens de fil de fer. Soit une paye totale de 17 fr. 25, pour deux équipes pressant 2.500 kilogr., soit en chiffres ronds et à la tonne.......... 7 »

TRANSPORT A LA VOIE FERREE.

Le transport à la voie ferrée gagne à être fait par bourricots qui ne coûtent rien à nourrir, chaque bourricot peut porter 120 kilogr., un conducteur mène 4 bourricots, à deux voyages par jour, pour 1 fr. 25 de salaire quotidien. Tous frais de transport à la tonne 1 25

Le fret pour Liverpool, port où nous pouvons livrer, est de .... 35 »

(Voir pièces justificatives.)

DROITS.

Les droits au gouvernement sont à la tonne exportée de .... 3 »

PRIX DE REVIENT.

Le prix de revient total d'une tonne d'écorces de baobabs CIF Liverpool, port où l'on vend ordinairement, arrive donc à un total de francs.............. 92 25

PRIX DE VENTE.

Celui-ci, dont on peut vérifier le chiffre dans les pièces justificatives, s'établit entre 160 et 175 francs la tonne CIF Liverpool. Nous accepterons le chiffre *le plus bas,* de.................................... 160 »

Nota. — Il est à remarquer que, faute de marché régulier sur les écorces de baobab Adansonia, toutes ventes ne sont faites que par intermédiaire de commissionnaires, il en résulte que les prix ci-dessus doivent vraisemblablement être inférieurs à la valeur réelle de nos écorces qui permettent d'obtenir de très belles pâtes à papier.

Demasclage d'un Baobab
Sur les tréteaux, travailleurs au demasclage. Devant le baobab, petits indigènes confectionnant des liens pour le balletage des écorces sèches.

BENEFICE BRUT.

Le bénéfice brut à la tonne est de 160—92.25 = 67 fr. 75, soit en chiffres ronds, 65 francs.

FRAIS GENERAUX DE L'EXPLOITATION.

Ceux-ci sont constitués par :

Les émoluments du directeur, soit par an........	12.000
Le salaire d'un contre-maître noir, par an........	1.200
Le salaire d'un palefrenier gardien, par an......	600
Nourriture de deux chevaux par an..............	900
Total des frais généraux de l'exploitation........	14.700

Soit quinze mille francs en chiffres ronds.

Les frais généraux supportés par une production de 800 tonnes par an (100 tonnes par mois de la saison sèche) se répartissent à raison de 19 francs à la tonne.

Il est bon de remarquer que le directeur de l'exploitation des Baobabs peut s'occuper dans la région de son chantier des divers autres commerces que nous signalons ci-après.

Bénéfices nets : 65—19 = 44 francs à la tonne.

BENEFICES DE L'EXPLOITATION DES BAOBABS

En comptant une production annuelle de 800 tonnes par chantier avec 44 francs de bénéfices nets par tonne, nous obtenons un bénéfice total de 800 × 44 = 35.200 francs.

Soit : trente-cinq mille francs en chiffres ronds.

CAPITAUX NECESSAIRES

Pour l'exploitation des Baobabs

Suivant les chiffres ci-dessus fixés, il est facile de se rendre compte qu'il est besoin de 115 francs environ par tonne produite, les fonds rentrant au plus tard tous les quatre mois, soit 115 × 400 = 46.000, soit en chiffres ronds *cinquante mille francs nécessaires* pour l'exploitation et transport des écorces Adansonia, pour un bénéfice net de 35.000 francs obtenus sur la production *d'un unique chantier.*

Nota. — Comme les routes, constructions sont établies, comme tout l'outillage et le matériel sont sur place, nous n'avons pas à tenir compte de ces frais dans les capitaux nécessaires pour cette exploitation. Quant à leur amortissement, il doit être envisagé dans les comptes généraux des bilans de chaque année.

Il faut, en outre, remarquer que le fret de 35 francs à la tonne de Dakar à Liverpool est ordinairement réglé par l'acheteur à l'arrivée des marchandises. De ce fait, la somme de 50.000 francs que nous estimons nécessaire pour l'exploitation du Baobab pourrait être diminuée de $\left(\frac{800 \times 35}{2} = 14.000\right)$ quatorze mille francs et se réduirait donc à 36.000 francs environ.

(Voir à la suite, les pièces justificatives concernant le commerce du Baobab.)

1° Lettre de MM. Nelstrop et Cie, demandant contrat de 500 tonnes. Contrat refusé sur avis du directeur général, qui déclarait ne pouvoir être en mesure de fournir.

2° Lettre de MM. Elder Dempster et Cie, armateurs, fixant les tarifs de transport Dakar-Liverpool.

3° Lettre de M. Taylor et Cie, sur marché fibres Adansonia en 1911.

J. A. NELSTROP & Co.,
IMPORTERS
AND
COMMISSION AGENTS.
—:o:—
TELEGRAMS :—
"NELSTROP, MANCHESTER."

509, *Produce Exchange Buildings*
(Corporation Street Entrance),
MANCHESTER,

le 24 Octobre 1910

Société Française
d'Exploitation Forestière au Sénégal.

Chers Messieurs.

Nous vous remercions pour votre estimée du 22 Ct et regrettons que vous ne pouvez pas vous engager pour le présent par rapport à un ordre pour 500 tonnes de fibre Bananier pour livraison pour une certaine période. Nous serions contents si vous voudriez nous faire savoir quand vous seriez en mesure de le faire dans un prochain avenir. — Par rapport aux 75 tonnes si vous voulez nous donner vos plus bas prix nous ferions notre possible. — Votre Directeur est-il arrivé de

T

J. A. NELSTROP & Co.,
. . IMPORTERS . .
AND
COMMISSION AGENTS.
—:o:—
TELEGRAMS:—
"NELSTROP, MANCHESTER."

509, *Produce Exchange Buildings*
(Corporation Street Entrance).
MANCHESTER,

Continuation (24. Oct. 1910)

Sénégal comme vous nous faisiez espérer dans votre dernière.

En attendant le plaisir de vous lire veuillez nous croire

vos dévoués

J. A. Nelstrop & Co.

P.S. Comme cette affaire commence à marcher il est de la plus haute importance que nous puissions avoir des envois réguliers par rapport au temps et à la quantité, et à un prix qui ne varie pas constamment — cela mettrait immédiatement fin aux transactions

CODES USED.
A.B.C. (5th Edition) WESTERN UNION.
SCOTT'S. (1896) WATKIN'S.

ELDER, DEMPSTER & Co.
STEAM SHIP OWNERS & INSURANCE BROKERS.

MANAGERS OF THE BRITISH & AFRICAN STEAM NAVIGATION Co LTD

MANAGERS OF THE AFRICAN STEAM SHIP COMPY (Incorporated by Royal Charter) LIMITED.

Telegraphic Addresses.
"ELDER, LIVERPOOL."
"DEMPSTER, LONDON."
"ELDER, BRISTOL."
"ELDER, MANCHESTER."
"ELDER, CARDIFF."
"ELDER, PORT TALBOT."
"AFRICAN, HAMBURG."
"ELDER, ANTWERP."
"ELDER, MADEIRA."
"ELDER, TENERIFFE."
"ELDER, LAS PALMAS."
"ELDER, LAGOS."
"ELDER, MOBILE."
"ELDER, NEW ORLEANS."
"ELDERS, MONTREAL."

Telephone Nos
LIVERPOOL 7287 CENTRAL.
LONDON 2852 L.WALL.
MANCHESTER 2387.
CARDIFF 276.
BRISTOL 301.
ANTWERP 2252.

HEAD OFFICE, COLONIAL HOUSE, WATER ST, LIVERPOOL
AND AT
4, St Mary Axe, LONDON, E.C.
Canada House, Baldwin Street, BRISTOL.
30, Mosley Street, MANCHESTER.
Merchants Exchange, CARDIFF
Hanna-Burg, Bei-den-Mühren 91, HAMBURG.
ANTWERP.
MADEIRA.
TENERIFFE.
GRAND CANARY.
LAGOS.
MOBILE.
823, Gravier Street, NEW ORLEANS.
Board of Trade Building, MONTREAL.

Colonial House,
Water Street,

IN REPLY PLEASE QUOTE:—
INWARD FREIGHT DEPT.

LIVERPOOL, May 4th 1910

Messrs J. A. Nelstrop & Co.
509 Produce Exchange Buildings,
Manchester.

Dear Sirs :-

With reference to the parcel of 100 tons of Adonsonia Fibre, which we understand you purpose shipping from Dakar to Liverpool, we shall have pleasure in carrying this parcel at the rate of

25/- & 10 % Per ton, weight

We may mention that we will do this for experimental purposes, but should the fibre turn out to be improperly or loosely packed, we cannot carry a further parcel at this rate.

Yours faithfully.

ELDER, DEMPSTER & CO. LTD.

Per [signature]

TRADUCTION.

Relativement à l'expédition de 100 tonnes de fibres Adansonia, que vous voulez transporter de Dakar à Liverpool nous vous avisons que nous pouvons faire ce transport à raison de

25 schelling et 10 o/o par tonne perds

La présente expédition étant un simple essai, nous ne pouvons expédier dans la suite aux mêmes conditions, si la fibre était impropre au transport ou trop volumineuse.

Sincèrement à Vous.

NOTA. — En 1910 et 1911 toutes ces éditions d'écorces d'Adansonia de Dakar à Liverpool ont été faites par cette compagnie qui a maintenu les prix ci-dessus.

Dept

Taylor & Co.

INTERNATIONAL MERCHANTS.

LIVERPOOL. | MANCHESTER.
LISBON. | LOANGO.
LONDON.

Cables: "ACTIVITY," Liverpool.

Codes. A.B.C. 4TH & 5TH
MITCHELL'S.
Mc NEILL'S.
PRIVATE.

7 Tithebarn Street.

Liverpool, le 27 Juillet 1911

COPIE.

SOCIÉTÉ FRANÇAISE D'EXPLOITATION FORESTIÈRE AU SÉNÉGAL,

9, rue de Sèvres, PARIS.

Messieurs,

Nous vous accusons réception de votre honorée du 21 Ct. à laquelle nous répondons comme suit.

(1) Le prix de 175 francs est par 1.016 kilogs, Cif. Liverpool ou Hambourg à notre choix.

(2) Le payement est avec 2 1/2 0/0 d'escompte, et dans les 15 jours qui suivent la livraison, ou après l'examination des Marchandises, s'il est demandé.

(3) Nous pensons qu'un marché pourrait être trouvé pour 100 tons par mois à un prix, mais naturellement rien de défini ne peut être établi, à moins qu'une offre ferme soit faite, et pour cela nous pourrions la mettre devant les acheteurs.

(4) Les garanties demandées seraient que les contrats faits, soient délivrés car les acheteurs demanderaient une garantie pour livraison, laquelle nous ne serions personnellement pas prêts à donner sans être assurés par vous d'avoir satisfaction.

Un envoi de 100 tons passa par Liverpool, il y a quelques mois, et nous croyons qu'il était de vous. L'était-ce ? Sinon, peut-être était-ce de la Compagnie d'Angoulême. A propos : Où cette Compagnie travaille-t-elle ? Est-ce aussi au Sénégal et a-t-elle quelques relations avec vous.

Dans l'espoir de vous lire prochainement, agréez, Messieurs, nos salutations empressées.

Signé : TAYLOR & Co.

CHARBON DE BOIS

A Dakar comme à Thiès ou Rufisque, les blancs et les indigènes utilisent presque exclusivement comme combustible domestique le *charbon de bois.* Comme on le verra par la suite, cette consommation atteint annuellement 1.500.000 kilogs. Les centres de production de ce combustible *sont établis exclusivement aux alentours de Pout et de Sébikotane* stations du chemin de fer de Dakar à Saint-Louis.

Dans ces régions, en effet, à proximité des villes de Thiès, Rufisque et Dakar, s'étendent de vastes espaces incultes, couverts d'arbres et d'arbustes de diverses essences.

Les *Bambaras* établis dans cette brousse se sont adonnés à la confection du charbon de bois, ils établissent leurs meules à la place même de l'abatage, et le charbon une fois fabriqué est transporté en sacs et à dos de bourricots aux gares de Sébikotane et de Pout, où il est expédié pour la majeure partie à Dakar même.

Il est ainsi facile de fixer le tonnage exact du charbon de bois produit et consommé annuellement, les chiffres officiels indiquent une moyenne d'expédition de 1.550 *tonnes par an;* 650 tonnes pour la gare de Pout; 900 tonnes pour la gare de Sébikotane.

(Voir, pièces justificatives, lettre de la direction du chemin de fer Dakar à Saint-Louis.)

Le charbon de bois expédié à Dakar est reçu par des Bambaras installés dans cette ville, qui transportent les sacs chez eux et attendent couchés à côté que la pratique vienne s'approvisionner.

Aucun Européen ne s'occupe, en effet, de cette branche de commerce, sauf peut-être deux ou trois employés du Chemin de fer de Dakar à Saint-Louis qui, *malgré les défenses de leur règlement,* augmentent leurs appointements en plaçant à leurs connaissances et avec majoration les quelques sacs qu'ils peuvent se procurer et expédier sans se faire prendre par leur direction.

Les facilités et les bénéfices que peut procurer ce commerce du charbon de bois sont, en effet, assez tentants. Que l'on en juge plutôt.

ACHAT

A Pout comme à Sébikotane, le charbon peut être acheté en sacs à proximité de la gare, *à raison de 5 francs environ les 100 kilogr. (sac compris).*

Il est possible à des Européens établis dans le pays comme nous le sommes et *payant comptant,* de « truster » ou d'accaparer petit à petit tout le charbon de bois fabriqué dans cette région.

ESSAI PRATIQUE

Nous avons personnellement essayé s'il était réellement possible de se procurer à des prix rémunérateurs cette marchandise de première nécessité et d'une vente facile et régulière ; nous avons donc acheté, nous-même, un seul jour, *en prévenant la veille seulement quelques Bambaras. Nous avons eu ainsi* 1.250 *kilogs de charbon de bois en sacs pour* 64 *fr.* 50 et nous avons dû refuser tous les sacs que l'on est venu nous proposer en plus, *ne jugeant pas utile de pousser plus loin cet essai concluant.*

Nous avons gardé 250 *kilogs pour notre consommation personnelle et avons vendu les* 1.000 *kilogs restant à raison de* 110 *francs à un restaurateur et hôtelier de Dakar, M. Zimmer.*

Nous insistons sur ce fait que cet essai d'achat et vente, expédition comprise, n'a pas demandé plus de huit jours. Il faut noter, en outre, que nous n'avons pas cherché à liquider notre stock aux prix pratiqués ordinairement à Dakar et qui sont établis comme suit :

VENTE

A Dakar, le charbon de bois, en grosses quantités, de 1.000 kilogr. par exemple, se vend à 12 francs environ les 100 kilogr. aux restaurateurs, hôteliers, etc. Les particuliers achètent le sac de 50 kilogr. à raison de 7 francs environ, soit 14 francs les 100 kilogr. Quant au petit détail, qui n'est pas la moindre consommation, il correspond à un prix de vente d'environ 20 francs les 100 kilogr.

Ces prix de vente sont pratiqués durant la saison sèche, c'est-à-dire de fin octobre à fin juin de chaque année, soit 8 mois. *Ils sont augmentés de plus de* 25 *pour* 100 *pendant la saison des pluies, qui dure les quatre mois restants,* alors que les Bambaras ne peuvent pratiquement produire.

CONCLUSION

De ce qui précède et en résumé, il résulte qu'il est possible à des Européens établis dans cette région de pratiquer avec bénéfices importants le commerce du charbon de bois.

D'autant plus que d'ores et déjà les Bambaras producteurs préféreront toujours vendre *à des Européens payant comptant* plutôt qu'aux marchands Bambaras qui ne règlent qu'après vente.

Celle-ci, que nous envisageons pour Dakar seulement, sera rapidement effectuée, grâce aux services de lettres de commandes et de livraisons à domicile que nous inaugurerons pour cette branche de commerce.

Ceci posé, nous établissons ci-après un projet pour le commerce du charbon de bois, en fixant largement les capitaux nécessaires.

PROJET POUR LE COMMERCE DU CHARBON DE BOIS

Capitaux nécessaires pour ce commerce

ACHAT

Comme nous l'avons précédemment indiqué, il suffit d'acheter directement aux Bambaras et aux gares mêmes les sacs de charbon qu'ils viennent apporter.

Nous envisagerons que les opérations d'achat portent seulement sur 1.000 tonnes par an.

Achat de 1.000 tonnes à 50 fr. 50.000

TRANSPORTS

Par chemin de fer, tarif maximum 12 fr. 70 à la tonne, soit 12.700

Chargement et déchargement, 1 fr. à la tonne...... 1.000

Transports de livraisons à Dakar avec une charrette et un cheval, coûtant, amortissement compris : 2 fr. par jour = pour un an.................... 720

Charretier-livreur, 2 fr. 50 par jour = pour un an.... 900

MAGASINAGE

Location d'un terrain et local pouvant servir au commerce d'autres articles, 300 fr. par mois	3.600
Employé européen, 400 fr. par mois	4.800
	73.720
Divers et imprévus	6.280
Soit pour 1.000 tonnes de charbon un prix de revient de	80.000

PRIX DE VENTE

Nous n'envisagerons que les prix les plus bas, sans tenir compte des prix du détail ni des augmentations de prix durant les quatre mois de la saison des pluies. Nous admettrons donc 120 francs la tonne comme prix de vente global.

1.000 tonnes à 120 francs........ 120.000

BENEFICES NETS

Ceux-ci s'établissent comme suit :

Prix de vente	120.000
Prix d'achats, transports, magasinage, etc.	80.000
Bénéfices nets annuels	40.000

CAPITAUX NECESSAIRES

Pour le commerce du charbon de bois

Installation du local de vente	2.000
Achat d'un cheval, voiture et harnais	1.000

Fonds de roulement

Quatre mois d'avance pour l'achat du charbon, salaires, location, etc.

Avant rentrée des fonds : $\frac{80.000}{3}$ = en chiffres ronds 27.000

Total, par année........ 30.000

(Voir pièce justificative)

Lettre de la Direction des Chemins de Dakar Saint-Louis, indiquant tonnage du charbon de bois expédié annuellement des gares de Pout et de Sébikotane,

COMPAGNIE
du
CHEMIN DE FER
de
DAKAR A SAINT-LOUIS

Société Anonyme
au Capital de 5.081.000 fr.

SERVICE CENTRAL

Adresse Télégraphique :
"RAILKAR-PARIS"

TÉLÉPHONE N° 280-06

N° 98

ANNEXE

le 1er Août 1911

Société Française
d'Exploitation Forestière au Sénégal
9. Rue de Sèvres.
Paris

Monsieur le Président,

En réponse à votre lettre du 28 Juillet dernier, nous vous informons que l'homologation ministérielle du tarif spécial G.V. N° 14, pour le transport des écorces et bois "Baobab Adansonia" en balles, ne nous est pas encore parvenue. Nous ne manquerons pas de vous aviser dès qu'elle nous sera notifiée.

En ce qui concerne les transports de charbon de bois le tonnage moyen annuel est d'environ 900 tonnes au départ de Sébikotane et 650 tonnes au départ de Pout; le tarif appliqué : 2me Série du tarif général, soit à destination de Dakar 12f 70 la tonne au départ de Pout et 10f 70 au départ de Sébikotane.

Veuillez agréer, Monsieur le Président, l'assurance de notre considération distinguée.

L'ADMINISTRATEUR DÉLÉGUÉ

[signature]

COMMERCE DES GRAINES DE RICIN

Dans la région qui avoisine la ligne de Dakar à Saint-Louis, les ricins poussent sans aucune culture et leur graine tombe sur le sol où les indigènes ignorants la laissent pourrir ou germer.

L'exploitation de cette matière présente de très grandes facilités, elle est susceptible, en outre, de procurer des bénéfices importants.

En effet, nul ne s'occupe des ricins, et il suffirait de prendre des travailleurs à la journée pour ramasser ces graines à leur maturité quand, sous la chaleur du soleil, elles tombent toutes décortiquées.

Cette matière n'a, en effet, aucune valeur dans le pays, et on peut en donner le prix que l'on veut.

L'introduction du ricin au Sénégal ne date que de 1889, époque où l'on distribua 300 kilogr. de graines de ricin de l'Inde aux indigènes et à quelques Européens.

L'incurie des uns et des autres a laissé à l'abandon les semences qui se sont multipliées depuis à l'infini.

Dans la région qui nous occupe, les ricins servent de haies aux champs, et ces plantes poussent comme du chiendent.

Nous citerons d'ailleurs le passage suivant tiré de l'opuscule sur le Sénégal publié par l'Office Colonial.

Des tentatives de plantation de ricin ont été faites. L'arbre venait très bien et produisait deux fois par an. Le tourteau valait à peu près 15 francs les 100 kilogr. et l'huile de 25 à 26 francs, rendus en France Elle aurait pu, d'après certains négociants, atteindre 33 et 34 francs. Outre son emploi en pharmacie, cette huile peut être avantageusement utilisée dans la parfumerie, grâce à la propriété qu'elle a de se charger des odeurs. Il y aurait intérêt à reprendre ces essais.

(*Extrait de l'opuscule sur le Sénégal en date de 1909, publié par le Ministère des Colonies.*)

PRIX D'ACHAT

Nous pouvons ici compter le prix le plus bas, puisque les graines de ricin sont sans valeur et appartiennent à tout le monde. Cependant nous porterons un prix relativement élevé, car il n'est pas douteux qu'au bout de quelque temps d'exploitation, les indigènes n'élèvent leurs prétentions.

Nous compterons ainsi 10 fr. les 100 kilogr. de graines décortiquées mises en sacs, soit à la tonne 100 »

PRIX DE TRANSPORT

Chargement et déchargement à la tonne	2 »
Chemin de fer jusqu'à Dakar, à la tonne	7 30
Embarquement sur vapeurs et divers	5 »
Fret : Dakar, Marseille ou Angleterre	25 »

Nota. — Les frais sont identiques à ceux supportés par les graines d'arachides; néanmoins nous forçons le chiffre du fret afin d'éviter toute déconvenue à l'avenir pour le transport de cette marchandise.

Prix de revient total à la tonne 139 30

PRIX DE VENTE

Aux marchés de Marseille, du Havre, de Liverpool, de Hull, de Londres, les graines de ricin valent environ 29 fr. les 100 kilogr., soit 290 fr. la tonne. (Voir pièces justificatives.)

Cependant nous ne compterons le prix de vente qu'à 250 francs, bien que les ricins du Sénégal soient une des meilleures variétés hindoues, dont le prix à Liverpool atteint 300 francs la tonne environ.

BENEFICE

Celui-ci s'établit comme suit :

Prix de vente	250
Prix de revient	140
Bénéfice net à la tonne	110

Nous fixons ci-après les capitaux nécessaires pour cette exploitation nouvelle que nous estimerons, faute de données, à un chiffre annuel très bas. Nous dirons 300 tonnes par exemple.

CAPITAUX NECESSAIRES

Pour le commerce des graines de ricin

Achat de 300 tonnes et manutention	30.000
3.000 sacs de 100 kilogr. à 1 fr. 50	4.500
Employé noir pour vérification d'achats, par an	1.200
Frais de transport : chargement et déchargement, 40 francs par tonne	1.200
Total	47.700
Imprévus et divers	2.300
	50.000

Soit 50.000 francs nécessaires pour acheter, en novembre, décembre et janvier, les graines de ricin, les fonds rentreraient donc au plus tard six mois après les premiers achats, en mai de chaque année, si l'on compte la marchandise payable à 90 jours.

Nota. — Nous envisageons ci-dessus les conditions les moins avantageuses; il nous est cependant possible de compter sur la rentrée des fonds, deux mois au maximum après leur sortie. (Voir pièces justificatives.)

Le bénéfice net annuel serait donc de 20.000 francs environ.

EXTENSION DE CE COMMERCE

Comme il est facile de s'en rendre compte à la simple lecture des pièces justificatives ci-après, ce commerce des graines de ricin pourrait prendre une extension des plus considérables.

Les graines qui viennent en majorité des Indes et supportent des prix de transport élevés, seraient victorieusement concurrencées par les graines venues du Sénégal, où l'indigène qui comprend facilement son intérêt ne serait pas long à cultiver les ricins qui lui demanderaient moins de « défrichage », partant moins de travail que les arachides.

Dès que cette extension poindrait, il serait possible d'acheter *ces graines dans toutes les régions du Sénégal* par l'intermédiaire des « traitants » (commerçants) blancs ou noirs, en leur assurant une commission d'achat sur contrats de quantités définies, comme cela se pratique pour le commerce des arachides. Les bénéfices seraient en proportion.

Nos commissionnaires achetant et même expédiant eux-mêmes, nous n'aurions à assurer qu'une manutention à Rufisque ou Dakar et l'expédition.

PIÈCES JUSTIFICATIVES
concernant le commerce des graines de ricin

CHAMBRE DE COMMERCE
DU HAVRE

Le Havre 28 Août 1911.

Monsieur,

En réponse à votre lettre du 24 courant, j'ai l'honneur de vous informer qu'il s'est traité, ces temps derniers, des affaires d'importation de graines de ricin par le Havre, au prix de 28f les 100 Kgs. caf. escompte 1 %

M. Robinson, qui reçoit des consignations de cet article, est prêt à vous fournir tous renseignements utiles (4 rue Anfray)

Recevez, Monsieur, mes salutations distinguées

Le Secrétaire

J. de Vigan

Monsieur Peynié
Société franç^se d'exploitation forestière au Sénégal
9 rue de Sèvres Paris

JULES GRAVIER
20, RUE NICOLAS, 20

AVIS ESSENTIEL } *Mettre l'adresse entière sur les enveloppes des lettres*

Adresse Télégraphique :
GRAVIDAR - MARSEILLE

TÉLÉPHONE 81

Marseille, le 29 Août 1911

Société Française d'Exploitation
Forestière au Sénégal
9 Rue de Sèvres
PARIS

Monsieur le Directeur

J'ai l'honneur de venir vous faire mes offres de service pour la vente des graines oléagineuses et notamment des Ricins.

Je vous indique comme références le crédit Lyonnais ; la Société Marseillaise, le comptoir d'escompte, la Banque de l'Indo-Chine et tous les fabricants d'huile de Marseille avec lesquels je suis en rapports quotidiens.

Le commerce des graines m'est tout à fait familier car nous le pratiquons de père en fils depuis une époque fort éloignée ;
je suis l'agent de maisons fort importantes des Indes et notamment de MM E D Sassoon & C.

Pour vous fixer dans la mesure du possible sur les graines que consomme Marseille je vous remets, sous ce pli, la statistique des arrivages de l'année dernière
Le chapitre graines diverses englobe les graines de baobab, les noix d'acajou & & & dont les arrivages passent pour susceptibles d'une grande extension.

Les graines de ricin se vendent sous une franchise de 4 0/0 pour terres, pierres et corps étrangers ; les grains gâtés et pourris se bonifient suivant analyse officiellement effectuée au débarquement

Les prix sont entendus par cent kilos, poids net, délivré coût, fret assurance Marseille, sac à don.

Les prix actuels sont élevés à cause de la sécheresse aux Indes
Il n'y a vendeur qu'à 29,00 et acheteur dans les F-28,00
La provenance du Sénégal, relativement peu connue, ne pourra obtenir le plein prix du marché qu'après que les principaux fabricants l'auront essayée

L'article est excessivememt mobile ; il y a une vingtaine d'années il valait dans les F.16,00 mais depuis 4 ou 5 ans il oscille de 27 à 32,00

Je reste à votre disposition pour tous renseignements supplémentaires que vous pourrez désirer et vous présente, Monsieur le Directeur, mes bien empressées salutations ;

NOTA. — Le mouvement des graines de ricin atteint à Marseille le chiffre de 12 000 tonnes environ par an.

J. A. NELSTROP & Co.,
IMPORTERS
AND
COMMISSION AGENTS.

TELEGRAMS :—
"NELSTROP, MANCHESTER."

509, *Produce Exchange Buildings*
(Corporation Street Entrance),
MANCHESTER,

le 31 Août 1911

Messieurs Société française
d'Exploitation Forestière au Sénégal
Paris

Graines de Ricin

On importe ces graines à Liverpool, Hull et Londres

Le prix actuel en est £ 12. 0.0 la tonne cif moins 2½% et 1%. Le prix au même temps de l'année passée variaient de £ 13. à £ 13.10. la tonne

Naturellement le prix dépend entièrement du largeur et de la qualité de graines, on les achète en quantités énormes.

Nous voudrions : Pourriez-vous faire des affaires dans cet article.

En attendant v/. nouvelles
Agréez, messieurs, nos salutations sincères

J. A. Nelstrop Co

JULES GRAVIER
20, RUE NICOLAS, 20

AVIS ESSENTIEL { Mettre l'adresse entière sur les enveloppes des lettres

Adresse Télégraphique :
GRAVIDAR - MARSEILLE

TÉLÉPHONE 61

Marseille, le 2 septembre 1911

Société Française d'Exploitation
Forestière au Sénégal
9 Rue de Sèvres
PARIS

Monsieur Le Directeur

J'ai l'honneur de vous accuser réception de votre lettre du 31 écoulé et ai noté que vous espériez pouvoir conclure des affaires en graines de ricins, semences Indiennes, après la fin des pluies.

Dans l'espoir que ces affaires prendront l'extension dont elles sont susceptibles je vous propose de convenir que les remboursements seront effectués en chèques à vue, sur moi, payables contre remise des documents, sous un escompte de 1 %.
Vous n'aurez, ayant été payé par moi, rien à connaitre des termes et délais de paiement que j'accorderai à mes acheteurs qui sont dans l'usage de demander 90 jours.

La commission d'usage est de 1 % sur le prix vif, elle laisse à ma charge les risques de mes acheteurs, les frais de dépêches que j'aurai à envoyer ainsi que les courtages et rénumérations des intermédiaires que je pourrai utiliser.

Le fret de Dakar à Marseille, pour graines en sacs, est officiellement de F.20,00 la tonne aux conditions des connaissements mais quand l'on dispose d'un tonnage et que l'on traite ferme on obtient des réductions quand les lots en valent la peine

Agréez, Monsieur Le Directeur, mes salutations distinguées

COMMERCE DE PAILLE D'ARACHIDES

Comme chacun le sait, les arachides (cacaouettes) sont la principale production du Sénégal, les indigènes en font la récolte dès octobre et celle-ci est terminée dès décembre, tout au moins pour la plus grande partie.

Leurs arachides une fois vendues, les indigènes « font encore de l'argent » avec la paille d'arachides qui, avec le mil, est la principale nourriture des chevaux du Sénégal.

Chaque année, régulièrement, il y a pénurie de paille d'arachides et, à Dakar notamment, les chevaux doivent être nourris à certains mois avec du *foin venu de France, foin qui ne se vend pas moins de 0 fr. 20 le kilog.*, bien qu'il ne réussisse pas beaucoup aux chevaux du pays, qu'il échauffe considérablement.

Si l'on veut bien considérer qu'il y a à Dakar un millier de chevaux, consommant environ 10 kilogr. de paille d'arachides par tête et par jour, on voit qu'il est besoin de 300 *tonnes de paille d'arachides par mois*, à Dakar seulement.

Rufisque et Thiès consomment, en outre, de grandes quantités de cette paille, d'autant plus qu'à Thiès se font les achats de paille pour la cavalerie employée à la construction du chemin de fer du Thiès-Kaye et pour celle de la garnison montée.

PRIX D'ACHAT DE LA PAILLE D'ARACHIDES

Dans les régions où la Société Française d'Exploitation Forestière est établie, la paille d'arachides, en décembre et janvier, s'achète aux indigènes à raison de 0 fr. 05 le kilogr.; il est possible d'acheter ainsi par centaines de tonnes.

Dès le mois de février jusqu'au mois de juin, les prix d'achat augmentent jusqu'à 0 fr. 10 le kilogr.

PRIX DE VENTE

Les prix de vente, à Dakar comme à Thiès, s'entendent à raison de 12 à 20 centimes le kilogr., suivant l'époque.

Il est possible de vendre facilement à 0 fr. 15 le kilogr. dès le mois de janvier.

Il est, en outre, possible de soumissionner aux diverses adjudications pour fournitures de paille à l'armée, aux travaux publics, aux chemins de fer.

Les prix de ces adjudications s'établissent entre 0 fr. 15 et 0 fr. 20 le kilog.

ESSAI PRATIQUE

Pour la paille d'arachides comme pour le charbon de bois, nous avons tenté un essai personnel d'achat et de vente de paille. Nous avons acheté ainsi pour environ 250 francs de paille. Dans ces 250 francs sont compris : l'achat, le transport, l'emballage, déchets, etc. Ces 250 francs de paille ont été vendus net 500 francs à la direction du chemin de fer du Thiès-Kaye à Thiès.

PRIX DE REVIENT

Nous pouvons donc, par expérience, établir le prix de revient exact d'une tonne de paille d'arachides.

Achat de 1.000 kilogr. .... Fr.	50

MISE EN BALLES

La paille d'arachides, pour être conservée, doit être mise en balles pressées. Dans ces conditions, la paille ne serait expédiée du lieu d'achat, Pout par exemple, qu'après commande.

Une presse ou botteleuse, menée par trois hommes à 2 francs par jour, peut donner journellement 2 tonnes de paille en balles, soit : prix d'une tonne

prix d'une tonne	3
Chargement et déchargement, 2 fr.	2
Transport à Thiès, la tonne (il est possible et préférable de vendre à Thiès, vu la modicité du prix du transport), environ	4
Prix de revient total	59

PRIX DE VENTE

Comme nous l'avons vu, on peut fixer à 150 francs la tonne le prix moyen de vente de la paille d'arachides.

De ce prix de 150 francs, il faut diminuer 20 francs environ pour le déchet toujours possible, soit	130

Le bénéfice s'établit donc comme suit à la tonne :

Prix de vente	130
Prix de revient	59
	71

Ceci posé, nous établissons ci-après un projet pour le commerce de la paille d'arachides avec le montant des capitaux nécessaires.

PROJET POUR LE COMMERCE DE PAILLE D'ARACHIDES

Capitaux nécessaires

Nous comptons seulement sur des opérations roulant sur 500 tonnes de paille d'arachides par an

Les divers prix s'établissent comme suit :

Achat de 500 tonnes	25.000
Pressage, 3 fr. par tonne	1.500
Chargement et déchargement, 2 fr. par tonne	1.000
Transport maximum (à Dakar), 12 fr. 70 la tonne ..	6.350
Un employé noir sachant écrire, à 125 fr. par mois ..	1.500
Total	35.350
Vente de 500 tonnes à 130 francs la tonne (déchet déduit)	65.000
Bénéfices nets annuels	29.650

Capitaux nécessaires

Achat de 4 botteleuses à 600 fr. pièce environ	2.400
Construction d'un hangar pour emmagasiner les balles	5.000
Fonds de roulement pour achats et salaires de l'employé	20.000
Total	27.000
Imprévus	3.000
Soit au total	30.000

Trente mille francs nécessaires pour faire le commerce de paille d'arachides et donner un bénéfice de 29.000 francs environ.

Nota. — Nous avons déjà envisagé la location d'un local à Dakar dans le chapitre concernant le commerce du charbon de bois. Nous n'avons donc pas à en tenir compte à nouveau pour la paille qui pourrait être expédiée et vendue à Dakar.

COMMERCE DE GIBIERS, DE VOLAILLES, D'ŒUFS, DE FRUITS DU PAYS, ETC.

Ce commerce est basé sur les différences énormes de prix qui existent sur toutes les denrées du pays à acheter dans la brousse et à vendre à Dakar.

Nous donnons ci-après une liste de diverses denrées avec prix à Pout et Sébikotane et prix à Dakar :

	Pout ou Sébikotane		Dakar	
	fr.	fr.	fr.	fr.
Biches ....(la pièce)	6 » à	10 »	15 » à	25 »
Perdreaux	0 25	»» »	1 50	2 »
Lièvres	0 50	»» »	2 »	4 »
Tourterelles	0 05	0 10	0 20	»» »
Pigeons	0 20	»» »	0 50	1 »
Poulets	0 50	»» »	1 50	»» »
Poules	1 »	»» »	3 »	4 »
Œufs	0 05	»» »	0 10	0 15
Papayes (fruits)	0 10	0 50	0 30	2 »

Ces différences de prix viennent de ce fait que, à Pout comme à Sébikotane, les gibiers sont chassés et les volailles

Coin du Marché de Dakar

élevées (si l'on peut ainsi dire) par les seuls ou presque seuls Sérères ou Nons, — peuplade très sauvage vivant à l'écart des autres races, groupée par familles.

Il ne peut venir à l'idée de ces Sérères, tous grands chasseurs, d'envoyer leurs gibiers ou leurs volailles au marché de Dakar. *On a donc, à Pout comme à Sébikotane, gibiers et volailles à des prix excessivement bas.*

Très craintifs, les Sérères fuient les blancs en général. Nous avons eu l'occasion de nous faire bien venir de quelques représentants de cette race et nous avons maintenant toutes facilités pour tout commerce avec les Sérères, entre autres pour celui du gibier et des volailles.

ESSAI PRATIQUE

Nous avons naturellement fait des essais sur ce commerce, inexploité d'ailleurs, sauf peut-être par un noir qui vient de Dakar par chemin de fer, avec une cage à poules qu'il remplit de volailles une fois par mois et qu'il va vendre à Dakar.

En deux jours de temps, à Pout seulement, nous avons pu acheter 110 poulets à 0 fr. 60 de moyenne, vendus 1 franc pièce à un restaurateur de Thiès, M. Coudihe. Ne connaissant personne à Dakar à ce moment, nous n'avons pas cherché à obtenir de prix plus élevés, nous contentant des résultats probants de cet essai.

ACHAT

L'achat direct aux indigènes peut se faire à jours et heures fixes à Pout et à Sébikotane, à la gare même.

Les indigènes apporteront les volailles et gibiers tués pour la circonstance, et la totalité de l'achat expédiée par chemin de fer serait à Dakar deux heures après.

VENTE A DAKAR

Il est assez difficile de fixer le montant de la vente de pareils articles à Dakar. Ce que nous sommes en mesure d'assurer, c'est que le gibier y manque absolument.

Tout ce que l'on pourrait envoyer à Dakar y serait donc vendu avec la plus grande facilité.

En calculant un bénéfice moyen de 30 francs par jour sur la vente des articles ci-dessus désignés, nous croyons rester de beaucoup en dessous de la vérité.

BENEFICES

Soit pour un mois 900 francs et un an 10.800 francs de bénéfices.

CAPITAUX NECESSAIRES

Les capitaux nécessaires seraient des plus minimes et ne seraient qu'un perpétuel roulement de fonds; quelques centaines de francs suffiraient.

Le local prévu dans de précédents chapitres pourrait abriter aussi ce nouveau commerce qui exigerait seulement l'achat d'une glacière de quelques centaines de francs.

Mettons donc, en exagérant, qu'il faudrait 2.000 francs environ.

COMMERCE DU MIL

Le mil, qui est la base de l'alimentation de l'indigène, est avec l'arachide la principale culture du Sénégal. Il en existe une très grande variété, mais on peut le diviser en deux grandes catégories, le gros et le petit mil. Le gros mil ne peut se conserver plus d'une année. Le petit mil dure plus longtemps. Il est difficile d'évaluer la surface plantée, qui n'est cependant pas inférieure à 150.000 hectares. Ce grain est presque totalement consommé dans le pays.

(*Extrait de l'opuscule sur le Sénégal en date de* 1909, *publié par le Ministère des Colonies.*)

La région de Pout et de Sébikotane est caractérisée par ce fait que le terrain y est moins sablonneux qu'ailleurs. Comme tel les indigènes préfèrent donc l'ensemencer de mil, surtout de petit mil, plutôt que d'arachides qui prennent surtout dans les terrains sablonneux.

Dans cette région productrice de mil, à laquelle nous pourrions d'ailleurs ne pas nous borner, on peut acheter cette matière de première nécessité à des prix relativement bas, soit à 15 francs les 100 kilogr.

Le mil se vend dans les agglomérations à raison de 20 et 25 francs les 100 kilogr.

Comme il est dit plus haut, c'est un article de première nécessité. Les noirs le pilent ou plutôt le font piler par leurs femmes pour faire le « couscous » qui constitue le fond de leur alimentation.

Le mil est, en outre, pour les chevaux du pays, ce que l'avoine est pour nos chevaux de France.

Bref, le mil est d'une vente courante, et ce commerce n'est limité que par les capitaux que l'on peut y consacrer; comme nous l'avons vu, le bénéfice minimum est de 25 %.

En envisageant des opérations sur 500 tonnes de mil par an, quantités arbitraires, voici comment se poseraient les chiffres de ce commerce.

Projet de commerce du mil

Achat de 500 tonnes de mil à 150 fr. la tonne......	75.000
Sacs de 50 et 100 kilogr. amortis en deux ans, comptés à 0 fr. 60 par sac et par an............	5.000
Transport, 12 fr. 70 à la tonne....................	6.350
Chargement et déchargement....................	1.000
	87.350

VENTE

Nous ne compterons la vente qu'au prix moyen de 22 fr. 50 les 100 kilogr., soit pour 500 tonnes..	112.500
Les frais d'employés et de local sont comptés dans les précédents chapitres.	
Bénéfice net..............	35.150

Capitaux nécessaires

Les capitaux nécessaires pour ce commerce seront vraisemblablement plus élevés que pour les commerces précédents. Il faudra, en effet, compter acheter le mil presque d'un seul coup, de façon à bénéficier des bas prix. Soit..................	70.000
Achat de sacs, 5.000 à 1 fr. 20..................	6.000
Total..................	76.000

Soit soixante-seize mille francs nécessaires pour faire le commerce du mil, susceptible de donner un bénéfice de 34.000 *francs environ.*

COMMERCE DE L'ARGENT

Les indigènes du Sénégal ne connaissent comme bijoux que des objets d'or et d'argent; nous ne parlerons pas des pierres et verroteries multicolores dont ils portent des colliers.

L'or dit de Galam, et de qualité médiocre, sert pour des boucles d'oreilles ajourées et des sortes de chaînes avec pendentifs.

L'argent, employé en grandes quantités, sert à fabriquer des bracelets que portent toutes les femmes. Il y a des bracelets pour les mains et des bracelets pour les pieds. La grosseur de ces ornements est un des signes extérieurs de la richesse et il n'est pas rare de voir des bracelets de pied peser jusqu'à 2 kilogr.

Les bijoutiers indigènes, pour fabriquer ces bijoux d'argent, se servent de barrettes à différents titres qu'ils peuvent acheter dans les maisons de commerce et chez les traitants noirs.

Ces barrettes leur sont vendues à un prix tel qu'ils ont avantage à acheter des pièces d'argent monnayées, dans lesquelles ils ont d'ailleurs plus de confiance.

Le commerce de l'argent que nous préconisons consiste en ceci :

Importer au Sénégal certaines pièces d'argent n'ayant pas cours en France, pièces de cinq francs de préférence, et les vendre aux traitants pour leur clientèle.

ESSAI PRATIQUE

Durant notre séjour au Sénégal, nous nous sommes fait adresser une centaine de ces pièces que nous avons vendues facilement à plusieurs traitants noirs, à raison de 3 fr. 25 l'une; l'un d'eux nous a même fait une commande de 300 pièces.

PRIX D'ACHAT

Ces pièces reviennent en moyenne à 2 fr. 50, douane et transport compris.

PRIX DE VENTE

Celui-ci peut être fixé à 3 fr. 25 minimum.

Soit un bénéfice net de 0 fr. 75 par pièce.

Ce commerce ne demanderait qu'un envoi de circulaires aux divers traitants noirs du Sénégal, qui voyant un intérêt dans nos propositions préféreraient prendre nos pièces de préférence aux barrettes.

Assez bienvenus de marabouts considérables, nous pourrions, en nous recommandant d'eux dans les circulaires envoyées, arriver vraisemblablement à un fort chiffre de vente.

Quoi qu'il en soit, en estimant à 10.000 le nombre des pièces qu'il serait possible de vendre, nous sommes persuadés d'être au-dessous de la vérité.

Nous pouvons donc poser les chiffres suivants :

Projet de commerce d'argent

Prix de revient de 10.000 pièces à 2 fr. 50..........	25.000
Frais de correspondance, circulaires, par an........	500
Total..................	25.500
Prix de vente net, 3 fr. 25 la pièce, soit pour 10.000..	32.500
Aucun frais de port, celui-ci, d'ailleurs minime, étant à la charge de l'acheteur.	
Bénéfice net..............	7.000

CAPITAUX NECESSAIRES
Pour le commerce de l'argent

Les capitaux nécessités par ce commerce ne seront pas élevés, les pièces seront expédiées de France au fur et à mesure des commandes, celles-ci étant payables à livraison, les fonds rentreront donc dans le mois qui suivra l'achat.

Un capital de ....Fr. 5.000 serait suffisant pour ce commerce.

CULTURE DES BANANIERS
ET COMMERCE DES BANANES

Nous attirons plus spécialement l'attention sur ce commerce susceptible de donner, sans grande mise de fonds, des bénéfices importants :

Alors que la banane pousse en grandes quantités aux îles Canaries et en Guinée Française, elle est très rare au Sénégal, à cause de la grande sécheresse du sol et de la profondeur des nappes d'eau souterraines où les racines des bananiers ne peuvent généralement pas atteindre.

Dans les régions de nos concessions que nous avons parcourues, nous ne connaissons que deux endroits où les indigènes cueillent et font commerce des bananes provenant *de petites bananeraies non cultivées*, poussées dans quelques plis de terrain : à Tiéroye, sur la ligne du Dakar-Saint-Louis, et à M'Bidjem, village à 18 kilomètres de Pout, auquel il est relié par des sentes très sablonneuses.

Or, la banane se vend à Dakar à raison de 0 fr. 10 pièce et l'on n'en trouve qu'en minimes quantités.

Si l'on veut envisager que la plupart des lignes de vapeurs se rendant en Amérique du Sud touchent à Dakar où ils se ravitaillent, on peut avoir une idée de la consommation de bananes qui serait possible à Dakar, en comptant sur une moyenne de 2 vapeurs par jour.

Il serait en tous cas facile d'expédier en France ou Angleterre, comme font les planteurs des îles Canaries qui fournissent une grande partie des bananes expédiées en Europe, et comme font ceux de la Guinée Française *plus éloignée que le Sénégal.*

Bananiers en production (Guinée Française)

CULTURE DU BANANIER.

De 7 à 12 mois après plantation, chaque bananier donne un régime de bananes, et reproduit de 5 à 15 rejets, permettant chacun d'obtenir, au bout d'une année de croissance, un régime, etc., etc.

Au bout de quelques années, même si l'on n'a pris soin de planter les premiers bananiers à des espaces suffisants et de retirer les rejets pour les replanter, l'on doit s'occuper de dégager la bananeraie de toutes les nouvelles pousses qui en rendraient l'accès impossible.

C'est ainsi que la bananeraie de M'Bidjem, dont nous parlons plus haut, n'est accessible qu'avec le sabre d'abattis au poing.

Pour ce qui concerne cette culture, nous renvoyons d'ailleurs au livre de M. P. Hubert, *Le Bananier;* on y trouvera tous détails techniques.

ETABLISSEMENT D'UNE BANANERAIE.

Nous signalerons à ce sujet les devis de bananeraies établis par M. Yves Henri, « Inspecteur chef du service de l'agriculture de l'Afrique occidentale Française. »

Nous donnons ci-après le résumé d'un devis pour une bananeraie de 20 hectares :

Achat de terrains	Fr.	6.000
Constructions		50.000
Irrigations		20.000
Matériel agricole		5.000
Constitution de troupeau pour fumure		9.000
Défrichement		5.000
Tracé routes plantations		5.000
Moyens de transport		5.500
Achat de rejets (20.000)		2.000
Total		107.500

Or, par notre situation privilégiée, et notre établissement déjà acquis dans le pays, nous pouvons déjà déduire de ce chiffre :

1° constructions, 50.000 fr. ;
2° moyens de transport, 5.500 fr.

En outre, nous pouvons déduire les 20.000 francs portés au compte d'irrigation.

En effet, nous avons découvert, grâce aux indications des naturels du pays, une grande étendue de terrains, à 4 kilomètres du chemin de fer et à quelques centaines de mètres d'une route carrossable, où l'eau se trouve de 0,50 à 1 mètre au-dessous du sol même à la fin de la période sèche, c'est-à-dire en juin, rendant inutile toute irrigation.

Nous avons ainsi arpenté et dressé le plan de 55 hectares sans propriétaire et avons fait part à l'administration de Thiès de notre projet de demande de ces terrains en concession perpétuelle. Demande reçue favorablement.

de 150.000 francs
dès la première année.

Nota. — Les régimes de bananes aux îles Canaries se vendent sur place de 3 fr. 75 à 4 fr. 75. (A Paris, le prix du régime aux Halles varie de 10 à 20 francs.)

Dès la fin de la première année, il serait possible de replanter sur 20 nouveaux hectares les rejets obtenus sur les 20 hectares en production, et dès la deuxième année, on pourrait compter sur 40 hectares en culture.

Soit 60.000 francs de frais de culture et 300.000 francs de recettes.

Plantation de Bananiers (Guinée Française)

Dans ces conditions, nous pouvons encore déduire du précédent devis la somme de 6.000 francs pour achat de terrains.

Ce qui porte le total des réductions à 81.500 fr., il resterait donc comme frais d'établissement d'une bananeraie de 20 hectares la somme de 107.500—81.500 = 26.000 francs. Vingt-six mille francs.

FRAIS DE CULTURE.

Suivant les chiffres de M. Y. Henri, nous devons compter de main-d'œuvre, contremaître compris, 1.500 francs par hectare et par an, soit pour 20 hectares 30.000 francs, dans ce chiffre il est tenu compte de l'achat d'engrais

RECETTES.

Dès la première année, après plantations, on peut compter sur une production de 3.000 régimes par hectares soit pour 20 hectares, 60.000 régimes vendables.

Si nous comptons la production vendue sur place *à raison de 2 francs 50 seulement le régime*, frais de transport et d'expédition à la charge de l'acheteur, nous obtenons un total de recettes

RECETTES NETTES.

Bien que nous nous soyons basés sur les chiffres établis par un spécialiste, éminent agronome, nous diminuerons des recettes pour aléas divers le 20 % et ne compterons qu'un produit de vente net de 240.000 francs.

CAPITAUX NECESSAIRES POUR LA CULTURE DES BANANIERS ET LE COMMERCE DES BANANES

Comme nous l'avons vu ci-dessus, nous devons compter sur une trentaine de mille francs de frais de premier établissement, en chiffres ronds ; si nous y ajoutons les frais de culture de la première année, soit 30.000 francs, nous atteignons un total de 60.000 francs permettant d'attendre la première rentrée des fonds, au bout d'un an, soit 120.000 fr. L'actif mobilier et immobilier que nous avons à Pout, à proximité de l'emplacement choisi pour les bananeraies, la facilité de recrutement que nous possédons dans le pays pour obtenir une main-d'œuvre suffisamment intelligente et bon marché, les conditions avantageuses de concession d'un terrain propice, tout milite pour engager à cultiver les bananiers et faire le commerce des bananes dans la région où nous sommes établis.

COMMERCE D'ARACHIDES

Principale culture des indigènes, les « arachides » ou « cacaouettes » sont l'objet du principal commerce du Sénégal. *Les opérations annuelles roulent sur plusieurs centaines de mille tonnes*, et de nombreuses maisons de Bordeaux et de Marseille établies principalement à Rufisque avec succursales dans la plupart des gares de chemin de fer (escales) se concurrencent âprement pour leur achat.

Transport des arachides à dos de chameaux et de bourricots

Nous ne croyons pas de notre intérêt de faire ce commerce autrement qu'en achetant dans notre région pour le compte d'une ou de plusieurs maisons. Notre bénéfice de commissionnaire sur contrat serait de 20 francs environ par tonne.

Les fonds nous seraient fournis suivant l'habitude par nos acheteurs et leur montant ne serait pas élevé, puisque nos expéditions se feraient au fur et à mesure de nos achats à Pout et Sébikotane, nous pourrions ainsi acheter *concurremment avec nos autres commerces et par conséquent sans frais spéciaux*, de trois à quatre cents tonnes de novembre à mars de chaque année, nous toucherions ainsi une commission de six à huit mille francs par an sans aucun aléa ni mise de fonds.

AUTRES COMMERCES

N'ayant pas de données précises sur les commerces suivants nous nous bornons à les indiquer comme pouvant occasionnellement être pratiqués sur nos concessions

Chèvres (environs de la Tamna)

COMMERCE DE PEAUX.

Il est possible d'acheter aux indigènes à des prix bas les peaux de bœufs et peaux de chèvres et chevreaux, on paye ordinairement au kilog. sur la bascule.

COMMERCE DE BŒUFS.

La race maure, à bosse, de grande taille, vaut environ 150 francs par tête et peut donner de 120 à 130 kilos de viande.

La race Kassonké, qui vient du Kasso et du Bambouk, petite, coûte meilleur marché, donne moins de viande, mais est très endurante et facile à nourrir.

(Extrait de l'opuscule sur le Sénégal en date de 1909, publié par le Ministère des Colonies)

Le bétail trouve aux environs de « la Tamna » des pâturages suffisants jusqu'à la fin de la saison sèche, il serait sans doute possible de faire, à l'exemple des noirs, l'élevage dans nos régions, en vendant nos produits à Dakar même.

Le prix d'un bœuf est, à Pout par exemple, de 100 francs à 200 francs environ.

Au cas où le ministre du commerce donnerait suite à son projet de permettre l'introduction en France du bétail sénégalais, ce commerce que nous signalons pourrait prendre une grande extension.

COMMERCE DU MANIOC.

Le manioc est cultivé par les indigènes en même temps que le mil, et les arachides ; nous croyons que cette culture pourrait être l'occasion d'un commerce lucratif.

Bœufs porteurs (Saint-Louis)

CONCLUSION

Nous croyons avoir consciencieusement indiqué ce qu'une compagnie commerciale peut tirer d'une exploitation raisonnée et intensive de la concession actuellement propriété de la Société Française d'Exploitation Forestière au Sénégal.

Comme on l'a vu, nous avons donné, autant qu'il était possible, toutes les preuves de ce que nous avons observé durant huit mois de séjour au Sénégal au milieu des indigènes. Nous renvoyons d'ailleurs pour contrôle à l'Office Colonial, Palais-Royal, Paris, ainsi qu'aux opuscules publiées par ses soins sur le Sénégal.

Il nous reste à ajouter que les résultats prévus pour les divers commerces envisagés sont on ne peut plus modérés.

Nous avons forcé de parti pris tous les prix de revient et diminué les prix de vente.

Nous pensons donc que les chiffres de bénéfice sont des MINIMA.

CH. L. P.

RÉSUMÉ

Nous donnons ci-après le résumé des divers commerces que nous avons reconnus intéressants à entreprendre sur la concession de la Société Française d'Exploitation Forestière au Sénégal.

	Capitaux nécessaires	Bénéfices nets annuels
	—	—
Baobab	36.000	35.000
Charbon de bois....	30.000	40.000
Paille d'arachides..	30.000	29.000
Alimentation	2.000	10.800
Mil	76.000	34.000
Argent	5.000	7.000
Ricin	50.000	20.000
Bananeraies	60.000	120.000
Achat d'arachides..		7.000
	289.000	302.800

Ainsi avec un capital de 289.000 francs nets employés au Sénégal, une Compagnie est susceptible de réaliser 302.800 francs de bénéfices nets annuels

FRAIS GENERAUX SUPPLEMENTAIRES

De cette somme de 302.800 francs, doivent être déduits :
1° émoluments d'un administrateur délégué secondé d'un secrétaire européen, soit 12.000 francs par an pour l'un, 5.000 francs pour l'autre.

2° Frais de voyage pour retour en France d'employés : 1.500 francs par an.

Frais à Paris, siège social, comptabilité : 6.000 francs par an.

Intérêts obligataires, impôts compris environ : 17.000 fr.

Soit au total : 41.500 francs de frais généraux à déduire de 302.800—41.500=261.300.

Une compagnie qui ne pourrait employer de capitaux suffisamment importants pour entreprendre concurremment les divers commerces envisagés aurait intérêt à exercer de préférence les suivants :

	Capitaux nécessaires	Bénéfices nets annuels
	—	—
Baobab	36.000	35.000
Charbon de bois..	30.000	40.000
Bananeraies	60.000	120.000
Achat d'arachides..		7.000
Alimentation	2.000	10.800
Argent	5.000	7.000
	133.000	219.800
A diminuer frais généraux..........		41.500
		178.300

Soit un bénéfice net annuel de 178.000 francs environ pour un capital employé de 133.000 francs environ.

A simple titre indicatif, *en nous basant sur les données précédentes*, nous donnons ci-après un projet de Société susceptible de continuer la Société civile d'Exploitation Forestière au Sénégal en prenant à sa charge les obligations de cette dernière tout en intéressant ses parts de propriété et d'intérêts.

PROJET DE SOCIÉTÉ COMMERCIALE

AYANT POUR OBJET L'EXPLOITATION FORESTIERE ET LE COMMERCE AU SENEGAL

Capital à souscrire en espèces, représenté par 1.500 actions de 100 francs chaque, soit.......... 150.000

Chaque part de propriété et d'intérêt de la Société d'Exploitation Forestière au Sénégal pourrait être remplacée par une action d'apport de 100 francs, soit 85.000
et par une part de fondateur.

Rémunération de concours pour constitution d'une nouvelle compagnie, 150 *actions d'apport*.......... 15.000
et 150 parts de fondateur.

La nouvelle Compagnie aurait donc un capital de 250.000 francs en 2.500 actions de 100 francs dont 1.500 d'apport.

Elle comprendrait en outre 1.000 parts de fondateur.

Les bénéfices nets pourraient être distribués comme suit :

5 % à la réserve légale;
10 % à l'amortissement;
10 % à l'amortissement des obligations;
5 % au conseil d'administration.

Sur les 70 % des bénéfices restants, il serait prélevé une somme suffisante pour donner un intérêt de 5 % aux 1.500 actions de capital souscrites en espèces.

Le solde serait réparti à raison de :

60 % aux actions;
40 % aux parts de fondateur.

EXEMPLE

Pour un bénéfice de 175.000 francs comme il est précédemment établi, la répartition se ferait comme suit :

8.750 francs à la réserve légale ;
17.500 francs à l'amortissement ;
17.500 francs pour l'amortissement des obligations ;
8.750 francs au conseil d'administration.

52.500 francs.

Sur les 122.500 restant, il serait prélevé 7.500 francs pour servir un intérêt de 5 francs à chacune des 1.500 actions de capital espèces.

Le solde, soit 115.000 francs, serait réparti :

69.000 francs aux 2.500 actions de 100 francs ;
46.000 francs aux 1.000 parts de fondateur.

Ainsi chaque action de capital de 100 francs toucherait : 1° 5 francs d'intérêt ; 2° 27 fr. 60 de dividende.

Chaque action d'apport : 27 fr. 60 de dividende.

Chaque part de fondateur : 46 fr. de dividende.

Imprimerie Française J. Dangon 123, rue Montmartre, Paris.

NOTICE

SUR LA

Ticino Dredging and Development Co Ltd

PARIS
IMPRIMERIE FRANÇAISE, J. DANGON
123, rue Montmartre, 123

1912

NOTICE

sur la

Ticino Dredging and Development Co Ltd

Les origines des dépôts alluvionnaires du Ticino

Les alluvions du Ticino ont été réputées de tous temps riches en or et aux époques les plus reculées, les populations riveraines de ce fleuve ont extrait de l'or des alluvions. Il y a encore dans les principales communes traversées par le Ticino, de nombreuses familles dont la fortune a été édifiée sur l'extraction de l'or du Ticino, laquelle à la suite de certaines crues, a fourni des rendements très élevés.

Nous donnons ci-contre une vue d'un chantier primitif organisé sur une des rives du Ticino. Il consiste en un sluice, alimenté d'eau par une dérivation venant du fleuve, et en sable par une extraction à ciel ouvert des alluvions préalablement tamisées.

Les alluvions dans lesquelles roule le Ticino, ont été formées par les érosions des Alpes. De nombreux glaciers ont disparu et ont formé toute la région du Bas-Piémont, la Lombardie et la Vénitie.

La partie des roches la plus lourde, celle qui était notamment minéralisée, est restée près des montagnes ; les parties les plus légères ont été éliminées peu à peu vers la mer.

Chaque montagne a donc un dépôt alluvionnaire, voisin de sa base, et dont la composition chimique se rapproche de la sienne propre.

C'est-à-dire que c'est seulement aux pieds des groupes de montagnes minéralisées que se trouvent les dépôts alluvionnaires minéralisés.

Les alluvions du Ticino viennent plus que probablement de la chaîne de montagnes du Monte Rosa.

Cette chaîne a fourni des exploitations aurifères remarquables, telle est l'exploitation de la Pastarena qui a fourni plus de 30 millions de francs d'or.

En ces derniers mois, une Société nouvelle puissante s'est organisée pour mettre en valeur toutes les mines de cette région. Elle a à sa tête le groupe Rothschild de Paris.

Origines des droits de propriété de la Ticino Dredging and development Cy Ltd

Les alluvions du Ticino ont été données pour faits de guerre à d'anciennes familles du pays, qui ont combattu pour Frédéric Barberousse, empereur des Romains, le 1er juin 1164, par Philippe IV, roi d'Espagne, le 17 juillet 1461, par Charles II, roi d'Espagne, les 28 janvier 1679 et 3 février 1686, ont été reconnus et proclamés par les divers gouvernements qui se sont succédé.

Les droits de propriété de la *Ticino C°* sont des droits féodaux qui ont été transmis de génération en génération jusqu'à nos jours à différents ayants droit, jusqu'à une Société française en 1889. Cette Société elle-même les a apportés définitivement à la *Ticino Dredging and Development C° Ltd.*

Peu de temps avant cette cession, les propriétaires de ces concessions ont dû faire des procès à l'Etat italien qui voulait s'en emparer.

Des jugements ont été rendus, donnant gain de cause auxdits propriétaires, de sorte que les droits de propriété dont il s'agit sont inattaquables. Ils sont illimités comme durée.

La valeur des alluvions du Ticino au point de vue minier et industriel

La Société Française qui a possédé cette affaire a fait faire, de 1892 à 1894, par des entrepreneurs, des essais d'exploitation qui ont fourni des résultats élevés.

A cette époque, on ne connaissait comme produit de l'exploitation que l'or, et c'est seulement sur l'or que les résultats ont été obtenus.

Les travaux de dragage ont fourni en 1892, 267.263 fr. 24 d'or.

A la suite de spéculations suivies de krack et de procès avec ses entrepreneurs, la dite Société avait dû cesser son exploitation en 1894, mais s'étant réorganisée, elle a continué ses essais de 1904 à 1910.

Les essais pour l'or, ont donné des résultats constants, et partout l'or a pu être déterminé dans des proportions variant entre 0 fr. 30 et 2 fr. 50 par mètre cube.

M. Feilding, de la firme MM. Hooper, Speak et Feilding, *ingénieurs à Londres*, par une prospection de surface arrivait à donner dans son rapport du 20 juillet 1909, un rendement moyen de 0 fr. 50 par mètre cube.

En 1910, la *Ticino C° Ltd* installait un keystone Drill, et nous donnons ci-dessus une photographie de cet appareil installé sur le Ticino.

Les chiffres fournis par ces essais furent très variés et devront être ultérieurement vérifiés. Ils firent descendre les proportions d'or à 0 fr. 20 par mètre cube, en certains endroits, mais établirent que la proportion des concentrés augmentait beaucoup en profondeur.

Les alluvions du Ticino contiennent en dehors de l'or, plusieurs métaux précieux

Cependant la Société Française, depuis 1904, a dirigé ses recherches dans une nouvelle direction.

Vers cette époque, l'ingénieur de la Société avait pu déterminer que les alluvions du Ticino contenaient plusieurs métaux et terres rares présentant un grand intérêt.

Après des travaux chimiques qui ont duré de 1904 à 1910 ledit ingénieur a pu non seulement déterminer l'existence d'une quinzaine de métaux et terres rares, mais encore trouver les moyens pratiques de les séparer à l'état d'oxydes purs.

Dès lors, cette affaire a pris un tout nouvel aspect.

Non seulement les alluvions contiennent de l'or — dans une proportion qui sera, croyons-nous, toujours au moins suffisante pour payer les frais

Ces métaux existent dans les alluvions du Ticino en quantité très petites, mais comme les moyens d'enrichissement qu'on possède coûtent peu, on arrivera à les produire à des prix de revient bas.

Cela tient à la nature de l'exploitation. Le travail de la drague seul permet d'extraire des *concentrés* depuis ½ jusqu'à 2 % en poids, de ces différents métaux.

d'exploitation — mais il a été reconnu par les études faites :

Que les sables une fois débarrassés des parties métalliques qu'ils contiennent, peuvent être vendus à *Milan* pour les constructions, jusqu'à concurrence de 5 à 600.000 mètres cubes par an, avec bénéfice de 1 fr. 50 à 2 fr. par mètre cube ;

Que des concentrés, on pouvait extraire immédiatement un minerai de fer à l'état de composition chimique avec du vanadium, manganèse et chrôme — et que ce minerai traité par une méthode très rapide fournissait du premier jet un acier sans

Or, la séparation chimique se faisant à peu près complète entre la matière inerte et tous les métaux ci-dessus mélangés, les frais de séparation, un peu délicats, ne portent plus finalement que sur une matière riche, et ils ne comportent que peu de dépenses.

Une usine établie à Novare (Italie) a permis d'étudier d'une façon industrielle les procédés de séparation.

Comme on le verra d'autre part, il est difficile de faire procéder à une expertise sur de semblables procédés et sur des matières encore peu connues

carbone, dont les qualités de dureté sont remarquables ;

Qu'en outre, on pouvait extraire des concentrés extraits des sables, les métaux suivants :

Vanadium, molybdène, tungstène, tantale, titane, thodium, cérium, lanthane, didyme, étain, palladium, platine, gallium, glucinium, uranium, chrôme, etc.

Ces métaux sont pour le moment presque tous rares, et on en entrevoit de multiples applications, du jour où leurs prix de vente seront abordables.

Certains d'entre eux, sont cependant vendables en grande quantité aux prix actuels très élevés.

de la part des chimistes, la Ticino Dredging and Development C° Ltd *n'a donc pas compté dans ses prévisions de recettes, les chiffres élevés de bénéfices pouvant être obtenus par la production de tous ces métaux.*

Capital de la Société

La *Ticino Dredging and Development C° Ltd* est au capital de £ 120.000 divisé en :

168.000 actions ordinaires de 5 shillings.

312.000 actions de préférence de 5 shillings.

Les *actions de préférence* recevront l'intérêt cumulatif de 7 % l'an, avant toute répartition de bénéfices. Les actions de préférence se verront attribuer 65 % des bénéfices nets.

Les 35 % des bénéfices du surplus restant attribués aux *actions ordinaires.*

Objet de la Compagnie

La Compagnie a pour objet l'étude et la mise en exploitation, l'achat et la vente de toutes mines, métaux et produits naturels ou chimiques, et notamment l'acquisition des concessions des alluvions du Ticino (décrites ci-dessus), leur traitement industriel et le traitement chimique des produits en provenant.

De prendre toutes mesures et créer d'autres Sociétés, construire des usines, routes, chemins de fer, capter des forces motrices, etc.

L'actif de la *Ticino Dredging and Development C°* comprend :

1° Les droits de concession sur les rivières du Ticino ainsi que l'exercice d'autres droits en dépendant ou accessoires, relatifs également à d'autres fleuves et torrents, droits mis en société en vertu des présentes, et qui proviennent de très anciennes concessions ou investitures, sans interruption à partir des édits de Frédéric Barberousse, empereur des Romains, du 1er juin 1164 ; de Philippe IV, roi d'Espagne, du 17 juillet 1641, de Charles II, roi d'Espagne, des 28 janvier 1679 et 3 février 1686, et d'autres reconnus et proclamés par divers gouvernements qui se sont succédés, confirmés par de récents jugements et décisions administratives, tels enfin qu'ils se poursuivent et comportent, et sont parvenus à la Société.

2° Différents droits d'exploitation sur des terrains privés.

3° Une usine d'essais à Novare bâtie sur un immeuble loué avec bail de 3, 6, 9. Cette usine comprend des fours, cheminées, laboratoires de chimie, des fournitures industrielles, etc.

4° Un stock de concentrés et de produits divers en cours de fabrication.

5° Des appareils de sondage composés d'un keystone Drill à vapeur, de tubes d'acier, appareils de levage, etc.

La direction de la Compagnie

M. Pagney-Dumas qui a dirigé les travaux de recherches et mis en lumière la valeur des alluvions du Ticino, s'est engagé à conserver la direction effective de l'exploitation pendant 5 ans en dehors même des attributions qu'il a dans le Conseil d'administration.

Exploitation des alluvions de la vallée du Ticino

Les alluvions pouvant être draguées s'étendent sur environ 80 *kilomètres.*

Les travaux de sondage n'ont pas permis de limiter la profondeur des alluvions. On est descendu à 40 mètres, sans trouver le *bed-rock.*

Même en ne comptant qu'un dragage de 10 mètres, il y a de nombreux milliards de mètres cubes à traiter dans la vallée du Ticino.

La Ticino Cy profite des études qui ont été faites par la précédente Société, et qu'elle a faites elle-même dans le courant de 1910.

Ces différents travaux ont permis de constater :

1° Que le lit du Ticino était entièrement formé d'alluvions extrêmement meubles ;

2° Que les alluvions ont une épaisseur considérable. Les sondages qui ont été effectués et qui sont allé jusqu'à une profondeur de 40 mètres n'ont pas atteint le *bed-rock ;*

3° Que sur toute leur épaisseur reconnue, les alluvions sont composées :

Pour 50 % d'un sable à grains très durs, provenant de la désagrégation de roches éruptives ou de formations primaires, et convenant particulièrement à la construction en béton armé si répandue à Milan ;

Pour 40 à 50 % de cailloux et pierres de diverses grosseurs de même provenance, pouvant être utilisés :

Les *parties de quartz blanc*, pour l'industrie céramique ;

Les *autres parties* pour ballast, empierrements et constructions ;

4° Que ces alluvions contenaient une quantité d'or minimum de 20 centimes au mètre cube, allant quelquefois jusqu'à 2 fr. 50 ;

5° Qu'enfin que ces alluvions contenaient un *concentré* (sable noir et rouge) dans des proportions ayant varié entre 3 et 10 % en poids par rapport au cube des alluvions.

Ce que sont les Concentrés

L'étude chimique des Concentrés a permis d'établir qu'on pouvait en extraire et par 1.000 kilos

250 kilos d'un acier sans carbone, comparable comme dureté aux meilleurs aciers fins.

550 kilos de silice et d'alumine pures.

10 à 20 kilos de glucinium,
5 à 10 » vanadium.
5 à 10 » tungstène.
5 à 10 » molybdène.
6 à 6 » thorium.
8 à 10 » cérium, lanthane, didyme, etc.
10 à 12 » titane.
5 kilos environ de tantale.

150 kilos environ d'un mélange de grenats, rubis, corindons, etc., et aussi une certaine quantité d'étain, d'uranium, de platine, d'or, existant à l'état de composition chimique, de palladium, gallium, etc., etc.

Programme d'exploitation

de la Ticino Dredging and Development Company Limited

La « Ticino Dredging and Development C° Ltd » en attendant une première drague, a procédé à la construction de deux appareils pouvant extraire chacun 100 mètres cubes d'alluvions par jour.

Les sables et les cailloux, débarrassés des concentrés et de l'or, devenant une matière marchande, comme nous le disons ci-contre, et pouvant être employés comme ballast ou sables de construction, pourront être mis immédiatement sur wagons.

En effet, l'exploitation va commencer sur un terrain situé sur le bord du Tessin, et contre la ligne de chemin de fer qui va de Novare à Milan.

La station *Ponte Ticino* est située à la limite du terrain dont il s'agit, et la Société a obtenu de Compagnie de chemin de fer « Nord Milano » un tarif réduit pour le transport de ses sables et qu'elle fasse une voie de garage pour faciliter le chargement des wagons.

La vente des sables va constituer immédiatement un élément de recettes assez important, puisque l'on peut réaliser un bénéfice net de 1 fr. 50 à 2 fr. par mètre cube, et que l'exploitation projetée permettra l'expédition de 100 à 150 mètres cubes par jour.

D'autre part, la « Ticino Dredging and D. C° » compte pouvoir, d'ici très peu de temps, mettre en œuvre une drague qui permettra le dragage et la concentration de 2.000 mètres cubes d'alluvions par jour, et les prévisions que l'on trouvera plus loin sont basées sur une première exploitation faite d'abord avec deux appareils terrestres, puis avec une première drague.

Importance du commerce des sables.— La vente des sables atteint en ce moment, et depuis plusieurs années, le chiffre de 5 à 600.000 mètres cubes à Milan seulement. Nous croyons qu'en dehors de Milan, et dans un rayon de 40 kilomètres de l'exploitation, on peut vendre une même quantité de 5 à 600.000 mètres cubes annuellement.

On peut aussi prévoir que dans un temps donné, l'exploitation de la « Ticino » pourra absorber la presque totalité du marché des sables. Les sables qui sont employés dans la région viennent déjà presque entièrement du Tessin.

Ces sables ne sont naturellement pas lavés, et leur prix de revient se trouve assez élevé puisque aucun sous-produit ne compense les frais d'extraction et que les moyens de transport en usage, sont primitifs et coûteux.

La « Ticino Co » jusqu'à présent ne s'est pas opposée à ce que l'on puisse extraire du sable du fleuve Ticino, parce qu'elle n'était pas en situation de fournir elle-même les sables qui sont nécessaires dans la contrée, mais elle n'aura pas besoin de faire une telle opposition parce que le seul fait que la Société, par son exploitation, est en mesure de faire des prix plus bas que les concurrents, (tout en réalisant des bénéfices importants) rendra la concurrence impossible.

Installation de l'usine. — La « Ticino » projette également l'installation d'une usine sur l'emplacement même du terrain de 8 hectares qu'elle acquiert à *Ponte Ticino*.

Cette installation se fera au fur et à mesure de l'exploitation du terrain lui-même et sur la surface reconstituée. Aux abords du terrain, le fleuve se verra débarrassé d'une quantité énorme d'alluvions qui obstruent son cours, et ces déblais serviront à remblayer le terrain exploité.

Ce travail de remblai sera fait par la première drague; ce qui ne nécessitera que des dépenses très réduites, le rejet des stériles se faisant automatiquement par la chaîne de décharge.

Comme nous l'avons dit ci-dessus, la « Ticino » compte commencer en 1912 son exploitation avec les deux appareils terrestres et aussitôt que possible avec sa première drague.

La deuxième année, il est fort probable que la Société pourra voir fonctionner d'autres dragues.

Capital nécessaire

Première année (1912)

Première phase. — Pour mettre à exécution le programme actuel de la « Ticino Co » jusqu'à ce que l'installation de la première drague soit faite, il a été prévu les dépenses suivantes :

Pour deux appareils pouvant extraire les concentrés, soit chacun 100 mètres cubes par jour ....Fr. 20.000 »

Achat du terrain, négociations, etc.... 9.000 »

Remblais, travaux en ciment, entourage, constructions diverses, frais de transport de l'usine de Novare à Ponte-Ticino ....Fr. 25.000 »

Frais d'administration, frais généraux depuis le 1er juin 1911 jusqu'à fin mars 1912 (y compris tous frais d'enregistrement, d'impression, de voyages, etc.) ....Fr. 25.000 »

Fonds de roulement.................. 20.000 »

Total...............Fr. 99.000 »

Cette somme est pour la plus grande partie réalisée, et la Société peut entrevoir une mise en exploitation très prochaine, avec des rendements que nous établirons plus loin.

Deuxième phase. — Pour établir la première drague dans le courant de 1912, le capital suivant est nécessaire :

Achat de la drague et de ses accessoires, transport des différents organes, installation et divers ....Fr. 150.000 »

Le fonds de roulement avec la drague devra subir une augmentation de...... 80.000 »

Pour procéder à l'installation de l'usine, la *Ticino C°* compte partie sur ses premiers bénéfices et partie sur le placement de ses actions de working capital.

Nous estimons que pour arriver à organiser l'usine pour la fabrication des aciers, et pour la quantité de 16.000 kilos par jour, il sera nécessaire de dépenser .... 150.000 »

Pour procéder à l'installation de l'usine de traitement chimique, on fera cette installation au fur et à mesure des disponibilités financières, comme de la mise au point des premières opérations chimiques. La *Ticino C°* devra donc posséder une disponibilité qu'il n'est pas nécessaire de prévoir plus élevée que .... 200.000 »

Soit donc une somme totale de....Fr. 580.000 »

Le capital total nécessaire pour l'exécution du programme ci-dessus nécessite donc :

Pour la première phase..........Fr. 99.000 »

Pour la deuxième phase.............. 580.000 »

Pour commission de banque, etc., frais divers, publicité et imprévus.... 221.000 »

Total.........Fr. 900.000 »

Prévisions de rendement de l'exploitation

Première année (1912)

Première phase. — Pour l'année 1912, nous devons considérer une exploitation avec les deux premiers appareils terrestres dont nous avons parlé ci-dessus, et pendant au moins *deux mois*.

Ces appareils permettant le traitement de 200 *mètres cubes* d'alluvions, fourniront environ, à raison de 30 cent. d'or par mètre cube, le chiffre de.........Fr. 60 »

En comptant 100 mètres cubes de sables vendus à parité de 2 fr. sur wagon, nous aurons une recette de............. 200 »

Des 200 mètres cubes d'alluvions traités, nous pouvons prévoir l'extraction et la fabrication de 1.000 à 1.500 kilos d'acier par jour, que nous pouvons calculer au prix de vente de 2 fr. le kilo, soit, pour un minimum de 1.000 kilos, à...... 2.000 »

Total des recettes journalières......Fr. 2.260 »

Pendant la première phase, les dépenses se décomposeront comme suit :

Frais de main-d'œuvre, contremaîtres et autres .... Fr.	100 »
Force motrice	5 »
Frais généraux et frais de chargement des wagons	50 »
Frais de fusion pour la fabrication de l'acier, pour 1.000 kilos à 1 fr. le kilo, soit	1.000 »
Imprévus	25 »
Total.......... Fr.	1.180 »

Le bénéfice journalier sera donc de : 2.260—1.180= 1.080 »

En poursuivant, avec les deux seuls premiers appareils, l'exploitation pendant l'année 1912, nous aurons pour les deux premiers mois, soit pour 50 jours, un bénéfice brut de .... Fr. 54.000 »

Deuxième phase. — Le 1er juin, si, comme nous le pensons, la drague est installée pour fonctionner, nous pourrons compter à partir de cette date (avec la drague et les deux appareils) sur les chiffres suivants :

Production pour 2.200 mètres cubes à raison de 0 fr. 30 par mètre cube d'or..	660 »
Pour sable sur wagon	2.000 »
Pour 66 tonnes de concentrés, desquelles on extrait 15 tonnes d'acier, compté à 2 fr. le kilo, nous aurons pour 15.000 kilos (1)	30.000 »
Les sous-produits et produits rares seront comptés pour..........	mémoire
Total..........	32.660 »

Les dépenses deviendront :

Frais de main-d'œuvre pour les *deux machines* terrestres....	100 »	
Pour la *drague*, 3 postes de 8 hommes, soit 24 hommes à 3 francs	72 »	
Pour 3 chefs de chantier à 5 francs	15 »	
Pour un chef d'exploitation....	20 »	
Force motrice, graissage, usure et entretien..........	150 »	
Frais de séparation des concentrés et divers	50 »	
		407 »
Frais de fusion et d'usinage pour 15.000 kilos d'acier, à raison de 1 franc le kilo .... Fr.		15.000 »
Manutention des sables, etc.		1.193 »
Total des dépenses .... Fr.		16.600 »

(1) Nous réduisons intentionnellement le chiffre de production.

Le bénéfice brut sera donc de : 32.660—16.660= 16.000 »

Si nous comptons ce bénéfice réalisé sur 7 mois de l'année, soit pendant 160 jours, nous aurons un bénéfice de .... Fr. 2.560.000 »

Si nous ajoutons à cette somme le bénéfice réalisé par les deux premiers mois de l'année (54.000 fr. en chiffres ronds), nous aurons un total de .... Fr. 2.614.000 »

Pour une année complète avec une *seule drague* on aura approximativement, d'après les prévisions ci-dessus, pour 250 jours :

16.000 × 250 = 4.000.000 »

Remarques. — Dans les prévisions ci-dessus, nous admettons que tout l'acier soit vendu. Il se peut toutefois qu'il n'en soit pas ainsi la première année, et il convient de faire des réserves sur le chiffre de bénéfices prévu.

Mais, d'autre part, il n'est pas compté dans les chiffres ci-dessus les profits qu'on peut attendre de la vente des quartz blancs qui peuvent être extraits des alluvions ;

Ni d'un sous-produit provenant de la fabrication de l'acier ;

Ni des premiers sous-produits et métaux précieux provenant de premières opérations chimiques.

Bénéfices futurs. — Nous estimons qu'il est inutile de faire des prévisions de bénéfices pour les années subséquentes.

On peut en supputer l'importance en adoptant les chiffres de bénéfices ci-dessus et en les multipliant par le nombre de dragues qui pourront être mises en œuvre.

CORCORO UNITED COPPER MINES LIMITED

REGISTERED OFFICE
151/3, Finsbury Pavement-House
LONDON E. C.

SIÈGE ADMINISTRATIF
7, rue des Italiens
PARIS

Quatrième Assemblée Générale Ordinaire

TENUE AU SIÈGE ADMINISTRATIF DE LA COMPAGNIE, 7, RUE DES ITALIENS, A PARIS, LE LUNDI 1er DÉCEMBRE 1913, A 11 HEURES DU MATIN

RAPPORT DU CONSEIL D'ADMINISTRATION

BILAN ET RAPPORT DE MM. LES COMMISSAIRES

RAPPORT DU DIRECTEUR GÉNÉRAL

COMPTE RENDU DE L'ASSEMBLÉE

PARIS
IMPRIMERIE ET LIBRAIRIE CENTRALES DES CHEMINS DE FER
IMPRIMERIE CHAIX
SOCIÉTÉ ANONYME AU CAPITAL DE TROIS MILLIONS
Rue Bergère, 20
1913

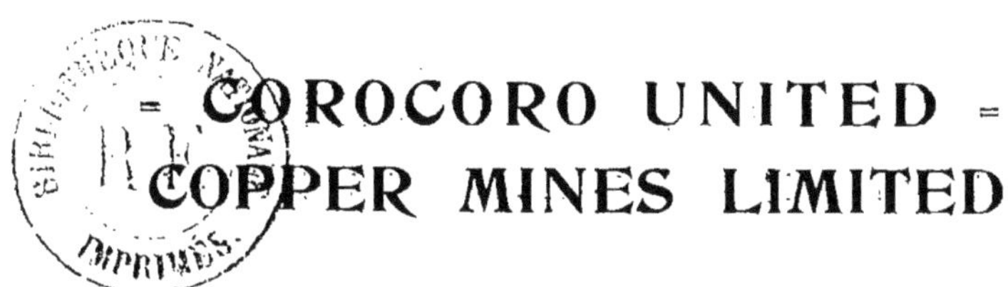

= COROCORO UNITED = COPPER MINES LIMITED

REGISTERED OFFICE
151/3, Finsbury Pavement-House
LONDON E. C.

SIÈGE ADMINISTRATIF
7, rue des Italiens
PARIS

Quatrième Assemblée Générale Ordinaire

TENUE AU SIÈGE ADMINISTRATIF DE LA COMPAGNIE, 7, RUE DES ITALIENS, A PARIS,
LE LUNDI 1er DÉCEMBRE 1913 A 11 HEURES DU MATIN

RAPPORT DU CONSEIL D'ADMINISTRATION
BILAN ET RAPPORT DE MM. LES COMMISSAIRES
RAPPORT DU DIRECTEUR GÉNÉRAL
COMPTE RENDU DE L'ASSEMBLÉE

PARIS
IMPRIMERIE ET LIBRAIRIE CENTRALES DES CHEMINS DE FER
IMPRIMERIE CHAIX
SOCIÉTÉ ANONYME AU CAPITAL DE TROIS MILLIONS
Rue Bergère, 20
1913

══ COROCORO UNITED ══
COPPER MINES LIMITED

Avis est donné par les présentes que la *quatrième Assembl* *générale ordinaire* de la **Corocoro United Copper Mines Limited** sera ten au siège de l'Administration de la Compagnie, 7, rue des Italiens, Pari le *lundi 1er Décembre 1913*, à 11 heures du matin :

1° Pour recevoir et examiner le compte de Profits et Pertes de l'exerci 1912-1913 et le Bilan de l'exercice, et pour recevoir les rapports des adm nistrateurs et des commissaires ;

2° Pour déclarer un dividende ;

3° Pour nommer des administrateurs ;

4° Pour nommer les commissaires de l'exercice en cours, et fix leur rémunération, et pour traiter toutes autres affaires ordinaires de Compagnie.

Par ordre du Conseil :

Roger LÉO,

Secrétaire à Par

7, rue des Italiens, Paris.

13 Novembre 1913.

CoroCoro United Copper Mines Limited

Conseil d'administration

BARON RENÉ DE BATZ, *Président.*

MM. J. LIONEL BARBER.
ANGE BERTHIN.
NOEL BERTHIN.
LÉON CHARBONNEL.

MM. GEORGES T. CRANE.
EDMUND F. HARRINGTON.
H. MAITLAND KERSEY D.S.O.
LOUIS MONNIER.

CHARLES PORTALIS.

RAPPORT DES ADMINISTRATEURS

soumis aux Actionnaires à la quatrième Assemblée générale ordinaire du 1er Décembre 1913.

Les Administrateurs ont l'honneur de soumettre aux Actionnaires le Rapport et le Bilan de l'exercice clos le 30 Juin 1913, dûment certifié par les Commissaires des Comptes.

	£	s.	d.
Les Bénéfices d'Exploitation pour l'exercice se sont élevés à la somme de.	50,451	6	1
à laquelle il y a lieu d'ajouter pour Intérêts, Versements pour Transferts et Émission de Titres au Porteur.	2,296	6	6
Soit un total de.	52,747	12	7

	£	s.	d.	£	s.
Report. . . .				52,747	12
Après déduction des honoraires des Administrateurs et de l'Ingénieur Conseil, commission du Directeur, frais de bureau à Paris et à Londres, rémunération des Commissaires et frais légaux	5,298	13	7		
Taxes diverses à Paris et à Londres . .	1,963	8	0		
Amortissement du compte Développement de la Mine	3,084	2	0		
Amortissement de la Commission de Garantie figurant au Bilan au poste « Mines et Propriétés ».	5,000	0	0		
				15,346	3
Il reste un profit net de.				37,401	9
qui, ajouté au solde reporté du 30 Juin 1912.				11,448	14
laisse un solde disponible de				48,850	3
dont il faut déduire le Dividende Intérimaire (n° 1) de Fr. 0,60 (net d'impôts) par action, payé le 20 Janvier 1913.	16,656	0	6		
et les Administrateurs recommandent le paiement d'un Solde de Dividende (n° 2) de Fr. 0,60 (net d'impôts) par action.	16,656	0	6		
				33,312	1
laissant un solde à reporter au nouvel exercice de . . . £				15,538	2

Conformément à l'article 84 des Statuts, MM. Noël Berthin, L. Cha bonnel et G. T. Crane se retirent par roulement ; ils sont rééligibles et représentent à vos suffrages.

Les Commissaires des Comptes, MM. Deloitte, Plender, Griffiths et Co., comptables brevetés, de 5, London Wall Buildings, Londres, se représentent à vos suffrages pour l'exercice en cours.

Par ordre du Conseil :

Roger LÉO,

Secrétaire à Paris.

7, rue des Italiens, Paris.

13 Novembre 1913.

Bilan

et

Compte de Profits et Pertes

BILAN au 30 Juin 1913

Passif

	£ s. d.	£ s. d.
Capital-actions :		
Autorisé : 700.000 actions de £ 1	700,000 0 0	
Émis : 673.607 actions de £ 1 entièrement versée		673,607 0 0
Effets à payer		24,274 14 8
Créditeurs divers :		
En Bolivie	2,374 9 0	
A Paris	4,193 10 11	
		6,567 19 11
Compte de Profits et Pertes :		
Solde de l'exercice précédent	11,448 14 4	
Plus : Profits pour l'exercice terminé au 30 Juin 1913, suivant compte annexé	37,401 9 0	
	48,850 3 4	
Moins : Dividende Intérimaire (net d'impôts) payé le 20 Janvier 1913	16,656 0 6	
		32,194 2 10
Total du Passif		£ 736,643 17 5

Actif

		£ s. d.	£ s. d.
Mines et Propriétés, y compris £ 20,000 représentant la part de la Commission de Garantie soldée en actions de £ 1 entièrement libérées, suivant dernier bilan		570,147 11 11	
Plus : Dépenses de l'exercice		3,763 17 8	
Transféré du Compte Amélioration à la Propriété		12,270 14 0	
		586,182 3 7	
Moins : Amortissement pour dépréciation	£ 4,983 5 2		
Amortissement du compte Commission de garantie compris dans le poste Mines et Propriétés	£ 5,000 0 0		
		9,983 5 2	
			586,198 18 5
Compte Développement de la Mine :			
Solde au dernier Bilan		4,797 15 5	
Plus : Dépenses de l'année		4,189 7 0	
Transféré du compte Amélioration à la Propriété		100 0 0	
		9,387 2 5	
Moins : Amortissement		3,084 2 0	
			6,303 0 5
Animaux, Charrettes, Harnais, Outils, Meubles des Habitations et Bureaux en Bolivie			6,201 0 2
Stock et Matériel en Bolivie et en route d'Europe			17,171 7 3
Minerai de Cuivre en Stock et en Transit :			
22.819 quintaux au prix de revient			40,631 2 0
Débiteurs divers :			
En Bolivie		1,584 16 8	
A Paris		2,951 16 6	
			4,536 13 2
Stocks de Titres au Porteur et Timbres			28 18 7
Caisse :			
En Banque à Paris et à Londres		71,403 4 2	
En Bolivie		3,769 10 3	
			75,172 14 5
Total de l'Actif			£ 736,643 17 5

COMPTE DE PROFITS ET PERTES au 30 Juin 1913

Doit

	£ s. d.	£ s. d.
Dépenses à Londres et à Paris :		
Honoraires des Administrateurs, Frais de voyage des Administrateurs et des Secrétaires	2,530 8 1	
Appointements, Loyers, Frais de Secrétariat, Câblogrammes et Frais Légaux	1,380 3 2	
		3,910 11 3
Bonus au Directeur en Bolivie		1,188 2 4
Rémunération des Commissaires en Bolivie		200 0 0
Taxes Diverses à Paris et à Londres		1,963 8 0
Compte Développement de la Mine : Amortissement		3,084 2 0
Amortissement de la Commission de Garantie comprise dans le compte Mines et Propriétés		5,000 0 0
Solde transféré au Bilan		37,401 9 0
Total . . . . . £		52,747 12 7

Avoir

	£ s. d.
Bénéfices d'Exploitation après Amortissement sur Immeubles et Machines	50,451 6 1
Intérêts	2,277 5 8
Émission de Titres au Porteur	14 2 4
Perçu pour Transferts	4 18 0
Total . . . . . £	52,747 12 7

R. de Batz,
N. Berthin, } *Administrateurs.*

A Messieurs les Actionnaires de Corocoro United Copper Mines Limited,

Nous avons comparé le Bilan ci-dessus aux Livres de la Compagnie à Paris, et avons obtenu tous les renseignements et toutes les explications dont nous avons eu besoin. A notre avis, le présent Bilan est convenablement établi de façon à exposer fidèlement et correctement la situation des affaires de la Compagnie, selon les meilleurs renseignements obtenus par nous, et les explications qui nous ont été données, et ainsi que le montrent les Livres de la Compagnie à Paris et les Extraits des livres reçus de Bolivie, dûment certifiés.

5, London Wall Buildings, Finsbury Circus, Londres E. C.
7 Novembre 1913.

Deloitte, Plender, Griffiths & Co.
Comptables brevetés. } *Commissaires des comptes.*

En français en original.

RAPPORT DU DIRECTEUR GÉNÉRAL

sur les résultats de l'Exercice 1912-1913.

PRODUCTION

Mines en exploitation :

	Minerai brut. — Tonnes.	Teneur. — 0/0	Minerai trié. — Tonnes.	Teneur. — 0/0
Guallatiri Grande . . .	20.257,00	2,30	18.491,00	2,54
Vizcachani	65.692,00	2,06	54.906,00	2,46
TOTAUX.	85.949,00	2,13	73.397,00	2,50

Mine en préparation :

Chalcoma . . . . Remis trié : 376,00 3 °/₀ Environ.

Le total du minerai brut est ainsi de 86.326 tonnes de 1.016 kilogrammes.

La teneur moyenne générale est de 2,13 °/₀.

La production totale de minerai brut produit pendant le courant de l'exercice se trouve être en augmentation de 17.450 tonnes, c'est-à-dire plus de 20 °/₀ supérieure à celle de l'année dernière. En comparant les productions de la mine de Vizcachani seulement, on constate une augmentation d'un exercice à l'autre de 33 °/₀ environ. Cette amélioration, qui est très importante, provient de ce que, pendant une partie de l'exercice, on a pu profiter de l'aménagement général de la mine poursuivi depuis trois ans.

Cet aménagement comprend de nombreux traçages et un puits d'extraction qui a remplacé les anciens devenus insuffisants. Nous parlerons plus loin, des installations de surface de ce puits.

CONCENTRATION

Le minerai produit par les diverses exploitations a été concentré pa[r] les trois usines existantes, dans les proportions suivantes :

Usines :

	Minerai.	Teneur.	Barrilla.	Cuivre natif.
	Tonnes.	0/0	Tonnes.	Tonnes.
Guallatiri Grande . . .	18.867,00	2,54	558,00	480,08
Guallatiri Chico	26.492,00	2,42	790,00	642,39
Guaychuni	28.237,00	2,50	853,00	706,05
Schlams, divers, etc. .	»	»	19,10	13,40
TOTAUX.	73.596,00	2,50	2.220,10	1.841,92

Teneur moyenne de la Barrilla : 83 % environ — La teneur moyenn[e] du minerai brut est de 0,69 % inférieure à la teneur moyenne obtenu[e] l'année dernière.

Ceci provient de l'exploitation de certaines couches à faible teneur.

Avec du minerai plus pauvre, la concentration est plus difficile et ceci explique la faible diminution remarquée dans la teneur de la Barrilla.

Nota. — Les tonnages indiqués sont en tonnes de 1.016 kilogrammes.

TRAVAUX D'EXPLOITATION ET DE PRÉPARATION

Section n° 1. — La plus grande partie du minerai produit provient du deuxième étage, avec un faible appoint des étages inférieurs en exploitation ou en préparation.

Pendant l'exercice précédent on avait au deuxième une région minéralisée particulièrement régulière, puissante et riche; malheureusement cette zone minéralisée n'a pas eu l'importance qu'on pouvait espérer et le minerai s'arrête contre des terrains étrangers à la formation cuivreuse et encore très mal connus.

Pour ne pas épuiser trop rapidement le deuxième, dont l'exploitation devenait dangereuse, on a dû commencer tant à cet étage qu'aux étages inférieurs l'exploitation des parties plus pauvres.

C'est pour cette raison que la teneur moyenne a diminué et que l'on constate que cette différence atteint 1,12 %.

Le relèvement de la teneur moyenne du minerai que donnera cette section dépend de ce que donneront les travaux de reconnaissance en cours.

On peut prévoir que le minerai à la vue au deuxième niveau sera terminé dans le courant de l'exercice 1913-1914; cela dépendra naturellement de l'intensité des travaux.

Les traçages effectués et supportés par le prix de revient de l'exercice 1912-1913, ont une longueur totale de 830 mètres environ.

Ceci représente 1m,73 par tonne de cuivre produite.

La longueur des traçages ou travers-bancs exécutés à Guallatiri est en augmentation de 410 mètres environ sur ceux exécutés l'année dernière, soit environ 100 % en plus; ce qui fait un mètre de galerie de plus par tonne de cuivre produit ou environ £ 2 par tonne. Malgré cette augmentation du prix de revient, que nous avions prévue, ces traçages nous ont paru indispensables.

Il est regrettable que pendant les exercices précédents on n'ait pas pu arriver à la même proportion qui est d'ailleurs inférieure à celle de Viscachani.

L'approfondissement du puits intérieur de Guallatiri a été commencé et, à la fin de l'exercice, on était à une trentaine de mètres environ au-dessous du dernier étage connu : le huitième niveau.

Cet approfondissement, pour donner des résultats pouvant donner des renseignements intéressants, devrait être poussé encore une cinquantaine de mètres, c'est-à-dire jusqu'au même niveau que le douzième de Chalcoma.

La longueur des reconnaissances qui seront exécutées à Guallatiri pendant l'exercice 1913-1914 devrait être, si possible, supérieure à celle obtenue pendant l'exercice terminé.

Chalcoma. — La longueur des traçages ou reconnaissances exécutés à Chalcoma pendant l'exercice représente une longueur totale de 686 mètres environ.

Le minerai reconnu et à la vue ne paraît pas encore suffisant pour justifier la construction de l'usine projetée. Il sera sans doute nécessaire d'attendre les résultats donnés par l'approfondissement du puits intérieur de Gualllatiri. Tous les efforts devraient donc être portés sur ce dernier travail.

Section n° 2. — *Vizcachani, Santa Rosa.* — A Vizcachani, les travaux d'exploitation ont été concentrés sur quatre niveaux : n°s 3, 6, 9 et 10.

La plus grande partie de l'exploitation s'est faite dans les Ramos, c'est-à-dire dans les couches avec pendage à l'est. La teneur moyenne du minerai tout venant a été de 2,06 %. En général les couches exploitées ont été assez pauvres et coupées par de nombreuses failles.

Vers la fin de l'exercice, les reconnaissances faites vers le nord, aux deux derniers niveaux, nous ont montré une région plus riche et plus régulière. Ceci nous a permis, pendant les derniers mois, d'améliorer sensiblement la teneur moyenne.

On peut donc espérer que pendant l'exercice qui commence les résultats seront meilleurs.

A cette section, la longueur des traçages exécutés pendant l'exercice s'élève à 3.885 mètres.

C'est une augmentation de 1.694 mètres sur les traçages faits pendant l'année dernière, c'est-à-dire 77 %.

La longueur de galeries tracées par tonne de cuivre est de 2,36. L'augmentation par tonne est de 0,71 ce qui représente environ une livre sterling par tonne.

Ces traçages quoique n'étant pas nécessaires immédiatement, nous ont permis d'augmenter nos réserves de minerai à la vue.

Pour augmenter la production et avoir une teneur moyenne régulière, il faut avoir en réserve de nombreux chantiers d'abatage prêts à être mis en exploitation.

Dans le cours de l'exercice, le puits Vizcachani a été approfondi jusqu'au onzième niveau et la recette est restée amorcée.

Ce travail a présenté quelques difficultés, à cause de la nature ébouleuse des roches.

Il serait à souhaiter pour augmenter les réserves acquises, que chaque année ce puits soit approfondi d'au moins un étage.

Reconnaissances par sondages. — Au troisième niveau de Vizcachani, c'est-à-dire à 90 mètres de la surface, un sondage horizontal vers l'ouest nous a permis de reconnaître à environ 50 mètres à l'ouest des couches connues, l'existence d'une nouvelle zone minéralisée, qui peut être assez importante. Il sera fait d'autres sondages et, si les résultats sont aussi encourageants, on pourra faire une reconnaissance plus sérieuse au moyen de travers-bancs.

Il convient de faire remarquer que c'est là une région absolument vierge et que dans le cas de réussite les réserves de minerai seraient très sensiblement augmentées.

RÉSUMÉ

En résumé, pendant l'exercice en cours, nous avons fait dans les mines en exploitation un total de 4.716^{m},90 de traçages.

L'augmentation sur l'exercice précédent est de 2.105^{m},45 c'est-à-dire 80 %.

En ajoutant les traçages faits à Chalcoma, on arrive au total de 5.403^{m},45.

Ce chiffre est très important, surtout si l'on considère qu'il a été obtenu avec le travail à la main, sans l'emploi de moyens mécaniques.

Il représente près de trois mètres de traçage par tonne de cuivre.

PERFORATION MÉCANIQUE

Perforatrices électriques. — Les nouveaux essais faits avec les perforatrices électriques n'ont pas donné encore de résultats probants.

Maintenant qu'à la mine on a un personnel d'ingénieurs suffisant, il conviendra de reprendre ces essais plus sérieusement.

Air comprimé. — Marteaux perforateurs. — L'installation d'essai pour la production de l'air comprimé et l'emploi des marteaux perforateurs, dont je parlais l'année dernière, a été mise en marche dans les derniers mois de l'exercice. Les essais effectués par l'ingénieur chargé de cette section ont donné des résultats très satisfaisants.

Par suite de la date très rapprochée de mon départ pour l'Europe j n'ai pas pu suivre personnellement ces essais comme je l'avais pensé.

Si l'étude poursuivie donne toujours d'aussi bons résultats et que l prix de revient obtenu, en tenant compte de tous les frais, soit comparable celui du travail à la main, une installation plus puissante sera prochainemen commandée.

Comme je l'ai dit dans mon précédent rapport, on pourrait alors consi dérer la question main-d'œuvre comme résolue et entrevoir une augmenta tion plus rapide de la production.

Perforateurs à la main. — Tout récemment, on a aussi fait des essai avec des perforateurs à la main. Les résultats obtenus sont très intéres sants.

PUITS NEUF VIZCACHANI — INSTALLATION EXTÉRIEURE

L'installation de triage et concassage a été complètement terminée à la fin de l'exercice. Avant mon départ il ne manquait plus que les vitres qu qui étaient à Arica et que l'on a sans doute reçues maintenant.

Le fonctionnement de cette installation est satisfatisant, mais la pratiqu nous a démontré que le travail des moulins chiliens pourrait être très amé lioré en les alimentant avec du minerai plus menu ou plus fin.

Nous avons donc étudié d'installer à la suite du triage des concasseur spéciaux pour réduire le minerai trié à des dimensions inférieures à 25 mi limètres.

Après avoir consulté plusieurs constructeurs, le projet de la maiso Sturtevant, modifié, nous a paru le mieux compris et le plus écono mique. Il a été adopté en principe. La commande est sur le point d'êtr faite.

ÉPUISEMENT DE LA MINE ET EXTRACTION DU STÉRILE

Pendant le courant de l'exercice nous avons extrait des mines en exploi tation 34.712 mètres cubes d'eau, exclusivement de Vizcachani.

Cette quantité est en augmentation de 7.871 mètres cubes sur l'exercic précédent. Soit une augmentation de près de 30 °/₀ qui a grevé le prix de revient.

Cette augmentation n'est, à mon avis, que momentanée. Il convient d'en étudier les raisons et d'y remédier.

Le stérile de Vizcachani est de 10.429 tonnes. En augmentation de 1.214 tonnes.

De Chalcoma la quantité d'eau sortie s'élève à 1.505 mètres cubes et celle de stérile à 4.980 tonnes.

FORCE MOTRICE — COMBUSTIBLE

La consommation de combustible s'est élevée à 188.824 boliviens; ceci représente en livres sterling £ 8.1.1 par tonne de cuivre.

Ce chiffre est en augmentation de £ 1.19.4 sur celui de l'année dernière, et de £ 3.0.3 sur l'exercice 1910-1911.

Ceci provient de l'emploi plus important de la force motrice, notamment à l'atelier de triage, mais surtout de la grande pénurie du combustible ordinairement employé.

Pour compléter ce qui nous manquait, nous avons dû avoir recours à la houille au moment où les cours étaient élevés.

D'autre part les moyens de transport grevaient encore le prix de ce combustible.

Avec l'ouverture du chemin de fer d'Arica-La Paz les prix de transport deviendront abordables.

On voit donc que les résultats obtenus dépendent de conditions anormales.

En adoptant des moyens de force motrice bien étudiés, on peut donc espérer réduire sensiblement la dépense par tonne de cuivre. Mais pour résoudre cette question d'une façon certaine et le plus économiquement possible, il convient de ne pas trop précipiter les décisions à prendre et d'attendre pour cela d'avoir bien étudié les nouvelles conditions offertes par l'ouverture du chemin de fer Arica-La Paz.

Jusqu'à maintenant on était trop dans l'inconnu.

PRIX DE REVIENT

Le prix de revient de la tonne de cuivre à Corocoro, pour l'exerci 1912-1913, est le suivant :

	£ s. d.
Prix sans amortissements.	35.14.10
Amortissements.	5. 2. 2
Total.	40.17. 0

Pour l'année dernière nous avions :

Prix sans amortissements.	34.4.0
Amortissements.	3.3.9
Total. . . . . £	37.7.9

On voit que le prix de revient sans amortissements a augmenté £ 1.10.10.

Ceci n'a rien d'anormal, si on prend en considération les observatio faites dans les chapitres « traçages, épuisement et force motrice ».

En faisant des traçages dans les mêmes proportions que l'année dernièr le prix de revient serait le même.

Avec du combustible ou de la force motrice au même prix que cel obtenu pendant les années précédentes, le prix de revient serait très sens blement réduit.

La quantité de combustible aurait été d'ailleurs réduite si la quant d'eau à sortir avait été normale.

En résumé, on peut donc dire que si l'exploitation s'était faite dans d conditions générales au moins identiques à celles des années précédent le prix de revient pourrait être au-dessous des prix de revient précéde ment obtenus.

En ce qui concerne les amortissements, ils ont été faits suivant coefficients donnés.

Voici les amortissements des différents exercices :

Exercice 1909-1910	£	1.752 1 8
— 1910-1911		3.878 19 8
— 1911-1912		5.996 9 1
Amortissement dernier exercice : 1912-1913		9.407 15 5

Ils ont donc été presque doublés.

USINES DE CONCENTRATION

Depuis l'année dernière, les usines de concentration n'ont pas subi de changements importants.

Mais le moment est venu de songer à des améliorations.

La meilleure solution serait probablement celle de construire à Guallatiri Chico une usine centrale destinée à remplacer les usines actuelles de Guallatiri Chico et Guaychuni.

On aurait alors une usine moderne qui, bien étudiée, faciliterait le travail, augmenterait le rendement et donnerait des économies.

EAU NÉCESSAIRE POUR LA CONCENTRATION

A l'époque sèche, l'eau dont on dispose est à peine suffisante et l'on peut dire que dans les conditions actuelles, on arriverait vite à la limite de la capacité possible.

Au début on avait parlé de la construction d'une usine sur les bords du Desaguadero, qui est une rivière importante distante de 35 kilomètres environ.

La possibilité de la mise en pratique de cette solution n'est pas soutenable économiquement.

Le transport du minerai à cette distance grèverait trop le prix de revient.

La dépense à prévoir serait très élevée ; il faudrait en effet prévoir non seulement l'usine proprement dite, mais aussi les logements pour le personnel, les bureaux, les magasins, etc. Par suite de l'éloignement la surveillance serait difficile. Mais heureusement nous avons trouvé d'autres solutio qui permettent d'assurer que l'on peut avoir à Corocoro de l'eau en abo dance. Il suffira d'en activer la réalisation.

CONCESSIONS NOUVELLES — EXPLORATIONS

Concession Olvidada. — Au moment de mon départ, les plans de cet concession étaient commencés. Sans doute ils sont maintenant terminés.

Explorations à faire. — Pour éviter de payer des droits annuels q peuvent êtres inutiles et qui sont en somme assez importants, il convie drait d'étudier par quelques travaux, la nouvelle concession et les ancienn non encore explorées.

Comme je l'ai dit dans le précédent rapport le gîte de Corocoro est tr mal connu et, à mon avis, il serait très utile de demander à un spécialiste faire une étude pétrographique de la région. Cela faciliterait sans doute l reconnaissances à faire et éviterait probablement des pertes de temps.

Chemin de fer Arica-La Paz. — L'inauguration officielle est déjà fait Mais par suite des retards dans la livraison du matériel roulant, l'exploi tation régulière n'est pas encore assurée.

Embranchement à Corocoro. — L'embranchement qui doit réun Corocoro à la ligne principale est presque achevé. Sa mise en exploitati ne peut tarder.

Alais, le 15 octobre 1913.

Signé : I. BRUN.

COMPTE RENDU DE LA QUATRIÈME ASSEMBLÉE GÉNÉRALE ORDINAIRE

tenue sous la présidence du Baron René de BATZ,
au siège de l'administration de la Compagnie, 7, rue des Italiens, PARIS
le lundi 1er Décembre 1913, à 11 heures du matin

Après avoir constaté que, conformément aux Statuts, la convocation à l'Assemblée a été envoyée en temps voulu et que le quorum exigé est atteint, soit un dixième du capital émis, le Président déclare la séance ouverte.

Le Secrétaire de l'Assemblée, M. Roger Leo, lit ensuite en français :

1° La convocation à l'Assemblée;

2° Le Rapport des Commissaires des Comptes.

Le Rapport des Administrateurs et le Bilan, ayant été distribués aux actionnaires présents, sont considérés comme lus.

Le Président prend ensuite la parole en ces termes :

Messieurs,

Avant de passer au vote des résolutions, j'ajouterai, si vous le voulez bien, quelques observations sur les comptes qui vous sont soumis aujourd'hui et sur la marche de l'affaire en général.

Comptes de l'exercice. — En vous reportant au Bilan, vous remarquerez qu'au *Passif* le *Capital émis* est toujours de *673.607* actions de £ 1 entièrement libérées, et que le montant des *Effets à payer*, £ 24.274:14:8/-, ainsi que celui des *Créditeurs Divers* £ 6.567:19:11/-, ont légèrement augmenté depuis l'année dernière.

Enfin, comme dernier poste du Passif, nous avons le compte *Profits et Pertes* qui a fait l'objet du Rapport des Administrateurs.

A l'*Actif*, le montant du compte *Mines et Propriétés*, figurant au Bilan d l'exercice précédent pour £ 579.147:11:11/-, a augmenté de £ 3.763:17:8/ par suite des dépenses de l'année, et de £ 13.270:14:0/-, transférées d compte *Améliorations à la Propriété*. En déduisant du total ainsi obten £ 596.182:3:7/- un amortissement général de £ 4.983:5:2/-, et un amortissement spécial de £ 5.000/- sur la *Commission de Garantie*, le montant d poste se trouve réduit à £ 586.198:18:5/-.

La somme de £ 20.000/-, représentant la part de la « Commission d Garantie » payable en actions, avait été transférée du compte de *Frais d Premier Établissement* au Bilan du 30 Juin 1910 et, cette année, vos Administrateurs ont jugé qu'il y avait lieu d'appliquer un important amortissemen à ce compte.

Vous remarquerez que le compte *Améliorations à la Propriété*, qui s'élevait l'année dernière à £ 13.370:14:0/-, ne figure plus au Bilan. En effet comme nous venons de le voir, une somme de £ 13.270:14:0/-, se référan à des travaux ayant un caractère permanent, a été transférée au compt *Mines et Propriétés*, et £ 100/- ont été transférées au compte *Développemen de la Mine*. Ce dernier compte a été chargé, en outre, de £ 4.489:7:0/- pou les dépenses de l'année, et un amortissement de £ 3.084:2:0/- l'a rédui à £ 6.303:0:5/-.

Le compte *Animaux, Charrettes, etc.*, £ 6.301:6:2/-; est en légère diminution, ainsi que le chiffre des *Stocks et Matériel en Bolivie et en route d'Europ* £ 17.471:7:3/-.

Vous remarquerez que votre *Stock de Minerai* a sensiblement décru, d 27.238 quintaux à 22.819 quintaux. L'année dernière, en effet, par suite d la situation exceptionnelle du marché, le stock était supérieur à la moyenne cette année, il peut être considéré comme normal

Le chiffre des *Débiteurs Divers* £ 4.536:13:2/- a peu varié.

Le Stock des *Titres au Porteur et Timbres*, £ 28:18:7/-, est en forte diminution par suite d'émissions de Titres au Porteur.

D'autre part, le montant des sommes en *Caisse*, £ 75.172:11:5/-, presque doublé depuis l'année dernière par suite de l'augmentation de bénéfices.

En passant maintenant à l'examen du *Compte Profits et Pertes*, nous pensons que vous voyez avec plaisir nos *Bénéfices d'Exploitation* passer d

£ 18.349:16:8/- à £ 50.451:6:1/-. Ce progrès est dû, pour une partie, à la hausse des cours du cuivre et, en second lieu, à l'augmentation du tonnage porté sur nos livres comme vendu pendant l'exercice. En effet, nous vous avons expliqué l'année dernière que, par le fait que nos stocks de minerai étaient portés pour la première fois à leur prix de revient, au lieu de leur prix supposé de vente, le bénéfice du compte Profits et Pertes ne se référait qu'à une partie du minerai embarqué pendant l'année. Cette année-ci, au contraire, notre compte de ventes se présente de façon tout à fait normale.

Les *Intérêts* perçus, £ 2.277:5:8/-, ont naturellement considérablement augmenté par suite de l'accroissement de l'Actif liquide.

Les sommes perçues pour *Émissions de Titres au Porteur*, £ 14:2:4/-, et pour *Transferts*, £ 4:18:6/-, sont en forte diminution, les opérations de ce genre ayant été fort restreintes pendant l'exercice.

Au total, les recettes se montent à £ 52.747:12:7/-, dont il faut déduire les *Frais Généraux*, £ 3.910:11:3/-, qui ont peu varié, le *Bonus au Directeur Général en Bolivie*, £ 1.188:2:4/-, qui est resté le même, ainsi que la *Rémunération des Commissaires des Comptes*, £ 200/-, les *Taxes Diverses à Paris et à Londres*, £ 1.963:8:0/-, qui ont également peu varié, et les amortissements de £ 3.084:2:0/- au compte *Développement de la Mine*, et de £ 5.000/- au compte *Commission de Garantie*.

Après ces déductions, le bénéfice transféré au bilan ressort à £ 37.401:9:0/- auquel il faut ajouter £ 11.448:14:4/- reportées l'année dernière, soit un total de £ 48.850:3:4/-.

Le rapport des administrateurs, qu'on vient de vous lire, vous aura appris que le dividende intérimaire déclaré en janvier dernier a absorbé £ 16.656:0:6/- et si vous approuvez la distribution d'un solde de dividende égal, soit £ 16.656:0:6/- il restera £ 15.538:2:4/- à reporter à nouveau.

Enfin, vous remarquerez que notre situation de trésorerie est toujours satisfaisante, car pour couvrir un passif dû à des tiers

	£	s.	d.
de.	30.841	14	7
nous disposons d'un actif immédiatement réalisable d'au moins.	115.803	13	5
soit en minerai de cuivre au prix de revient	40.631	2	0
et en caisse	75.172	11	5
ce qui fait ressortir notre Fonds de roulement à	84.960	18	10

Changement de Directeur. — Le signataire du rapport qui vous soumis aujourd'hui à dû, à la fin de l'exercice, quitter, à son regret et nôtre, le service de la Compagnie.

Cruellement frappé, au cours de son séjour à Corocoro, dans ses af tions les plus chères, M. Brun n'en a pas moins poursuivi avec éne l'exécution du programme qui lui avait été tracé et a obtenu les heu résultats communiqués à cette Assemblée générale et à celle de l'ar dernière. Mais la santé de notre Directeur général, éprouvée temp rement par le climat et par le travail, exigeait un repos de trop lo durée pour qu'il fût compatible avec la bonne direction de vos int là-bas, et nous avons dû lui trouver un successeur. Nous n'avons qu'à l le zèle et la compétence de M. Brun et nous pensons que vous voudrez vous associer à votre Conseil dans le témoignage d'estime et de reconn sance que nous sommes heureux de lui donner ici.

La direction générale de vos affaires en Bolivie a été confié M. Fernand J. Dorion, ancien élève de l'Ecole Polytechnique de Pari de l'Ecole Supérieure Nationale des Mines. De longs séjours dans l'A rique du Sud, des voyages en Bolivie, une expérience de plusieurs an dans les mines et gisements de cuivre, nous sont garants de la compét de notre nouveau Directeur.

Force Motrice. — On pourrait nous reprocher de ne pas avoir er résolu cette question, inscrite à notre programme depuis la fondatio notre Société.

Mais vous jugerez, sans doute, qu'un excès de prudence de la pa votre Conseil — même au risque de reculer la date d'une production intensive — est moins à blâmer que ne l'aurait été trop de hâte à ad une solution que des modifications dans les circonstances économi auraient rendue médiocre.

D'autre part, la mise en service du chemin de fer La Paz-Arica permet seule de transporter, à des conditions possibles, le lourd ma qu'exige l'installation que nous prévoyons. Et ce service, inauguré à dire, l'année dernière, commence à peine à s'organiser ; les voies sont p l'embranchement de Corocoro est terminé, les voies de garage abouti à nos mines sont également achevées : mais le matériel roulant Compagnie de Chemins de fer est encore fort restreint et les transpor se font pas sans de longs délais et ennuis.

Nous pensons que, dès les premiers mois de l'année 1914, nous pourrons expédier en Bolivie les machines devant servir à l'établissement de la force motrice nouvelle.

Concession nouvelle. — La concession « Olvidada » dont vous a entretenus le rapport de M. Brun a été délimitée — elle porte le n° 5 sur le plan qui vous a été remis —. Dès à présent, nous en faisons l'étude géologique et les probabilités sont que, sur sa superficie de 500 hectares, se retrouveront les strates renfermant les couches cuprifères.

Perspectives d'avenir. — Vous avez sans doute, Messieurs, le désir bien naturel de savoir ce que nous pouvons attendre de l'exploitation de nos gisements.

Mais le métier de prophète est dangereux, surtout en matière d'exploitation des mines, même lorsque le gisement, comme le nôtre promet de longues années d'activité.

Tout ce que l'on peut dire, c'est que nous avons passé, pour les anciennes affaires qui constituent la Société, la période de fusion proprement dite, c'est-à-dire la période de coordination dans ses exploitations jusqu'ici distinctes et indépendantes et que nous avons maintenant un ensemble homogène où les divers services sont organisés et prêts à donner leur plein d'efficacité.

Nous avons le ferme espoir, même avec nos moyens actuels et avant l'introduction de la force motrice nouvelle, d'augmenter notre production de cuivre et tous nos efforts tendent à baisser le prix de revient.

Pour les quatre premiers mois de l'exercice en cours (juillet 1913-juin 1914), la production a été d'environ 560 tonnes de cuivre, égale à celle des mois correspondants pour les deux années précédentes.

Le prix de revient moyen, rendu en Europe, pour ces 560 tonnes, est d'environ £ 51.

Nos réserves de minerai en vue assurent notre marche pour plusieurs années et les travaux de développement dans les mines vont être conduits de façon à nous laisser un ample stock de minerai à abattre.

Nous achevons l'étude d'une usine nouvelle, dans laquelle nous nous efforcerons d'introduire tous les perfectionnements reconnus profitables à une saine exploitation et qui nous permettra, croyons-nous, d'arriver à augmentation dans la production.

Ayant terminé son discours, le Président offre la parole.

M. P. Bebin rappelle qu'il a paru dans la presse financière dive notes, d'après lesquelles la Compagnie aurait gagné un procès contre Compagnie voisine, laquelle aurait été condamnée à des dommages intérêts s'élevant à une somme importante.

Le Président répond qu'il est heureux d'avoir l'occasion de don quelques explications à ce sujet.

L'information parue est partiellement exacte, en ce sens qu'effecti ment une Compagnie voisine a été condamnée à des dommages et inté qui ne sont pas très inférieurs à la somme mentionnée dans les journa mais seul un jugement de première instance est intervenu ; l'affaire venir en appel et il serait prématuré de compter, pour le moment, sur rentrée de fonds dont nous serions bénéficiaires.

Personne ne demandant plus la parole, le Président soumet à l'Ass blée la

Première Résolution.

Que le rapport des Administrateurs pour l'exercice finissant le 30 j 1913 et les comptes clos à cette date, dûment certifiés par les commissa des comptes, soient, et sont par la présente, reçus, approuvés et adopté

M. L. Monnier appuie la résolution, qui est adoptée à l'unanimité.

Le Président soumet ensuite à l'Assemblée la

Deuxième Résolution.

Que le dividende de 0 fr. 60 c. par action, net d'impôts, recomma par les administrateurs et faisant, avec le dividende intérimaire de 0 fr. 6 par action déjà payé, 1 fr. 20 c. net d'impôts pour l'exercice, soit ratifié la présente et par l'Assemblée et que les Administrateurs soient autoris en effectuer le paiement conforme.

M. J. Tchernine appuie la motion, qui est adoptée à l'unanimité.

Le Président met ensuite aux voix la

Troisième Résolution.

Que MM. Noël Berthin, Léon Charbonnel et George T. Crane, soient, et sont, par la présente, réélus Administrateurs de la Compagnie.

M. P. Bebin appuie la motion.

Après quelques explications, le Président soumet la proposition à l'Assemblée, qui l'adopte à l'unanimité, moins une voix. La

Quatrième Résolution.

Que MM. Deloitte, Plender, Griffiths and C°, comptables brevetés, soient, et sont, par la présente, réélus Commissaires des comptes de la Compagnie, pour l'exercice en cours, et que leur rémunération soit fixée à 75 guinées.

Est soumise à l'Assemblée par M. P. Bebin.

M. R. de Charbonnières appuie la motion, qui est adoptée à l'unanimité.

M. R. Sautter propose un vote de remerciement au Baron R. de Batz, pour avoir présidé l'Assemblée et avoir donné des renseignements si intéressants sur les affaires de la Compagnie.

Ce vote est accordé à l'unanimité et, le Président ayant remercié l'Assemblée en quelques mots, la séance est levée.

PARIS. — IMPRIMERIE CHAIX, 20, RUE BERGÈRE. — 24440-12-13.

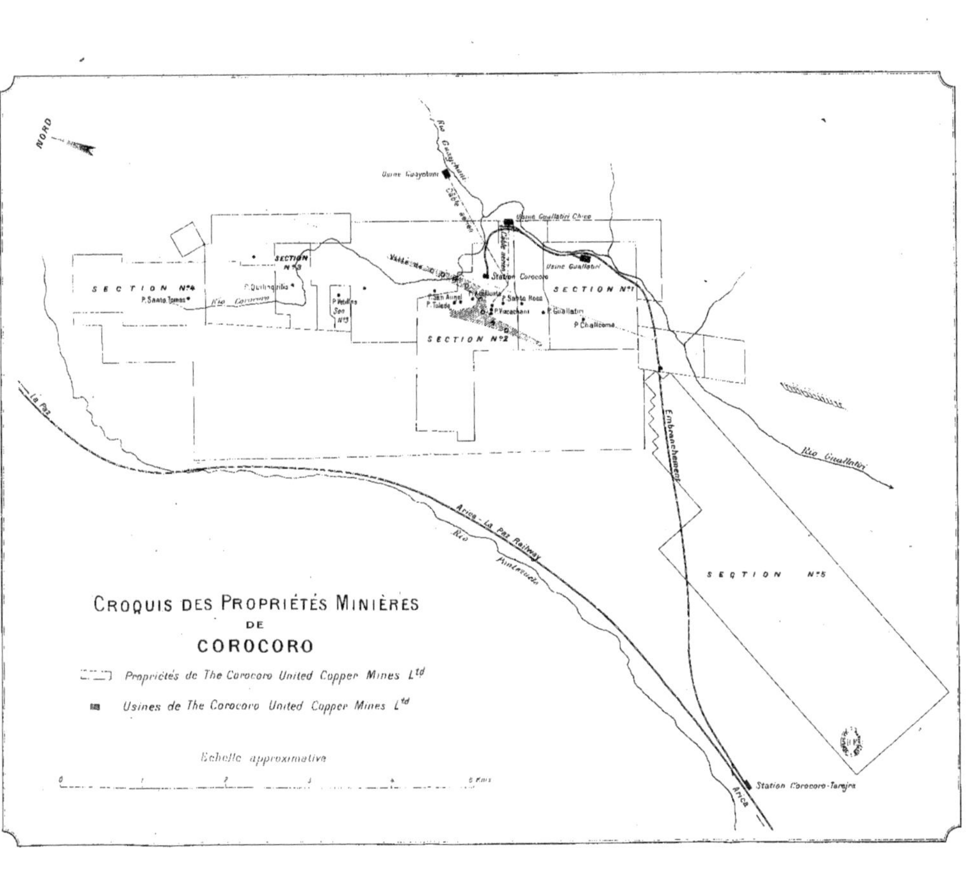
NORD
SECTION N°4
P. Santo Tomas
SECTION N°3
SECTION N°2
SECTION N°1
SECTION N°5
Station Corocoro
Câble aerien
Usine Guallatiri Chico
Usine Guallatiri
P. San Angel
P. Toledo
P. Santa Rosa
P. Vizcachani
P. Guallatiri
P. Challcoma
Embranchement
Rio Guallatiri
Arica - La Paz Railway
La Paz
Arica
Station Corocoro-Tarejra
CROQUIS DES PROPRIÉTÉS MINIÈRES
DE
COROCORO
Propriétés de The Corocoro United Copper Mines L^td
Usines de The Corocoro United Copper Mines L^td
Echelle approximative
0
1
2
3
4
5 Kms

Société Internationale d'Études

du

CHEMIN DE FER TRANSPERSAN

ASSEMBLÉE GÉNÉRALE ORDINAIRE DES ACTIONNAIRES

du 30 Juin 1914

RAPPORTS

DU CONSEIL D'ADMINISTRATION

et

DES COMMISSAIRES DES COMPTES

RÉSOLUTIONS

PARIS
IMPRIMERIE HEMMERLÉ ET Cie
2, 4 ET 4 BIS, RUE DE DAMIETTE

1914

Société Internationale d'Études

du

CHEMIN DE FER TRANSPERSAN

ASSEMBLÉE GÉNÉRALE ORDINAIRE DES ACTIONNAIRES

du 30 Juin 1914

RAPPORT

DU CONSEIL D'ADMINISTRATION

MESSIEURS,

Une entente d'ordre général, intervenue entre les Gouvernements intéressés, a ouvert la voie des réalisations au projet de relier, par une grande voie internationale, les chemins de fer européens et russes aux lignes de l'Inde, à travers la Perse. Au mois de Juin 1912, les principaux établissements financiers de Paris et de Saint-Pétersbourg et un puissant groupe britannique ont fondé la "Société Internationale d'Études du Chemin de fer Transpersan"..

Depuis lors, s'est poursuivi concurremment, d'une part, entre les Gouvernements, l'examen des problèmes politiques découlant de cette première mise en pratique de leur accord, et, d'autre part, entre les éléments constituant notre Société, l'étude des questions techniques et financières se rattachant à l'entreprise projetée.

Cette double tâche est trop compliquée pour qu'il y ait lieu d'être surpris si elle comporte certains délais.

Au point où elle est arrivée, il semble que l'on puisse affirmer sans optimisme qu'elle promet des résultats satisfaisants, définitifs et relativement prochains.

En ce qui concerne les Gouvernements, nous n'avons pas à entrer dans le détail de leurs négociations. Mais nous savons qu'ils ont réussi à dégager et à formuler tous les points sur lesquels un accord reste à conclure et que les communications échangées entre eux dans ces derniers temps témoignent d'un réel désir de concilier les difficultés accessoires qui ont jusqu'à présent retardé les solutions.

Enfin, les déclarations faites, ces jours derniers, devant les Chambres anglaises établissent que, ne doutant pas de la construction prochaine de la section septentrionale du transpersan, le Gouvernement britannique estime nécessaire l'établissement de lignes méridionales.

Il y a donc lieu de considérer comme probable un prochain appel à notre activité.

Grâce aux travaux préliminaires que nous avons accomplis et dont nous allons vous rendre compte, nous serons prêts à y répondre aussitôt.

Nous avons recherché d'abord dans quelles conditions devraient être étudiées, construites et exploitées nos lignes. Il a été indiqué, à ce moment, que la situation particulière et respective des éléments russe et anglais dans les régions septentrionale et méridionale de la Perse, ainsi que la nécessité d'assurer éventuellement des jonctions avec les réseaux respectifs des deux pays ne permettraient pas de confier à un seul et même organe la tâche à accomplir.

Tout en conservant à l'entreprise son caractère international, votre Conseil a, dès lors, proposé et fait agréer le projet de créer, sous la forme de Sociétés anonymes dont le siège serait à Paris, deux Sociétés filiales, dénommées " Compagnie du Transpersan Nord " et " Compagnie du Transpersan Sud ".

La Société Internationale s'engagerait vis-à-vis des filiales à leur rétrocéder toutes les études qu'elle aura faites, ainsi que les options ou concessions qu'elle aura obtenues pour la construction de chemins de fer.

Les Sociétés filiales, de leur côté, devraient s'engager à reprendre lesdites études, options et concessions, à l'exclusion de toutes autres.

La Société Internationale promettra de ne donner son appui financier à aucune entreprise de chemins de fer concurrente de ses filiales et celles-ci s'engageront à ne recourir à aucun autre concours financier pour la mise en œuvre des entreprises dont elles seront chargées.

Les Sociétés filiales reconnaîtront à la Société Internationale un droit supérieur de surveillance destiné à lui assurer la part de contrôle nécessaire au point de vue du bon emploi des ressources par elle fournies et au point de vue de l'unité finale de l'œuvre du transpersan.

A cet effet, les Conseils d'Administration des filiales seront constitués pour la majorité avec des membres du Conseil d'Administration ou des membres du Comité de Direction de la Société Internationale.

Les travaux de construction une fois terminés, les Sociétés filiales constituées dans ce but subsisteront en qualité de Sociétés d'exploitation, ou elles seront remplacées par des Sociétés d'exploitation constituées de la même façon. Les contrats à passer entre les Sociétés filiales et la Société d'Etudes assureront à celle-ci tous droits d'intervention et de surveillance, en ce qui concerne le trafic en transit, qui seront jugés nécessaires pour la sauvegarde de ses intérêts dans l'entreprise, ainsi que pour garantir une unité dans la manière de procéder nécessaire afin de répondre à son objet principal, qui est la création d'une grande voie de transit.

La constitution des filiales aura lieu le jour où l'accord définitif entre les Gouvernements, l'avancement des études aux points de vue technique et financier et l'octroi des titres d'option ou de concession auront assuré leur viabilité. Ces conditions semblent devoir être assez prochainement réalisées en ce qui concerne la filiale du Nord et ce que nous avons dit plus haut des dispositions du Gouvernement Britannique donne lieu d'espérer que les mêmes perspectives favorables ne seront pas trop éloignées en ce qui touche la filiale du Sud.

Indépendamment de ces questions organiques, votre Société a obtenu, au point de vue des études techniques, des résultats importants.

Nous avons acquis les études faites du côté russe pour la partie de la ligne qui s'étend de la frontière russo-persane à Téhéran. Actuellement, ces études semblent complètes pour le tronçon d'Astara à Recht; elles ne comportent qu'une reconnaissance pour la partie montagneuse de Recht à Kazvin et, tout en étant très avancées pour la partie de Kazvin à Téhéran, elles nécessitent, sur ce trajet, quelques travaux complémentaires qui, d'après l'avis de notre Ingénieur M. Sakhanski, pourront être effectués à bref délai. Elles seront probablement terminées sur tout le parcours jusqu'à Téhéran en temps utile pour nous mettre en mesure de commencer les travaux de construction aussitôt la concession obtenue.

Nous sommes, d'autre part, avisés que la demande de concession de la ligne d'Aliat à Astara, présentée, conformément au vœu de la Société d'Études, par MM. Poutiloff et Wyschnegradsky, a été examinée et approuvée par les diverses autorités russes compétentes et que la concession n'attend plus, pour être définitivement octroyée, que l'agrément du Deuxième Département du Conseil de l'Empire que l'on présume être acquis, en quelque sorte, d'avance. Ainsi se trouve rapproché le jour où les lignes russes étant prolongées jusqu'à la frontière, le Transpersan n'aura plus qu'à s'y rattacher.

COMPTES DE L'EXERCICE 1912-1913

Nous présentons à votre examen et à votre approbation le Bilan-Inventaire pour l'exercice clos le 31 Décembre 1913. Nous n'avons pas cru utile d'établir un compte de Profits et Pertes. Vous aurez à entendre à ce sujet le Rapport des Commissaires des Comptes.

SOCIÉTÉ CIVILE DES APPORTEURS

L'article 6 des Statuts stipule que MM. les apporteurs devront se constituer en Société civile dans le délai d'un an à partir de la constitution de la Société Internationale d'Études. Par suite de circonstances de force majeure, cette prescription n'a pu être observée. Le décès de deux apporteurs, MM. Pommer et Bunge, a provoqué certaines formalités qui ont retardé la création de la Société Civile. Celle-ci n'est pas encore constituée, mais la procédure en vue de l'établissement des titres nécessaires à la formation de la Société se poursuit normalement, et l'on espère qu'une solution interviendra prochainement. Nous vous proposons, en conséquence, de prendre acte de ces cas de force majeure.

CONSEIL D'ADMINISTRATION

Au cours du premier exercice, deux membres du Conseil d'Administration, MM. Shaw Stewart et E. Dymsza, ont résigné leurs fonctions d'Administrateurs de la Société. Nous avons, en outre, le regret de vous faire part du décès de M. A. Bunge, également membre de notre Conseil et l'un des fondateurs de l'entreprise. Le Conseil a fait parvenir ses condoléances à la famille de M. A. Bunge. L'Assemblée partagera les regrets du Conseil au sujet de la perte de cet éminent collaborateur.

Vous aurez à donner quitus de leur gestion à MM. Shaw Stewart, E. Dymsza et A. Bunge.

En remplacement de MM. Shaw Stewart, E. Dymsza et A. Bunge, nous avons appelé aux fonctions d'Administrateurs, Sir Arthur Lawley, MM. de Routkowsky et Braikevitch. Suivant l'article 20 des Statuts, vous avez à confirmer ces nominations.

COMMISSAIRES

Nous vous rappelons enfin que vous aurez à désigner, pour l'exercice 1914, un ou plusieurs Commissaires et à fixer leur rémunération.

FIXATION DU PRIX DE RACHAT DES ACTIONS

Aux termes de l'article 12 des Statuts, vous avez à fixer le prix maximum auquel le Conseil d'Administration pourra faire racheter les actions de la Société d'Études dont le transfert lui aura été demandé. Nous vous proposons de fixer ce prix au pair.

CONTRATS AVEC LES ADMINISTRATEURS

Nous vous demandons d'autoriser, conformément à l'article 29 des Statuts, et en tant que le besoin s'en pourra présenter, les membres du Conseil d'Administration à faire avec la Société, soit en leur nom personnel, soit comme Administrateurs ou membres de toutes autres Sociétés, tous traités, marchés et entreprises, sauf à en rendre compte à la prochaine Assemblée générale ordinaire.

RAPPORT DES COMMISSAIRES DES COMPTES

à l'Assemblée générale des Actionnaires du 30 Juin 1914

MESSIEURS,

Conformément à l'article 30 des Statuts et en exécution du mandat que vous nous avez fait l'honneur de nous conférer par délibération prise dans votre dernière Assemblée Générale, nous avons procédé à la vérification des Comptes du premier exercice qui comprend le temps écoulé entre la date de la constitution de la Société : le 12 juin 1912, et le 31 décembre 1913.

Ces comptes se résument dans le Bilan qui est soumis à votre approbation ; il n'y avait pas lieu — ainsi qu'en a décidé votre Conseil d'Administration — d'établir un Compte de Profits et Pertes.

Dans les délais prescrits par la loi, les Livres de la Société et toutes les pièces comptables qui pouvaient être utiles à notre examen, ont été mis à notre disposition.

Après pointage, et après avoir vérifié notamment le montant des disponibilités en banque, nous avons reconnu que les chiffres portés au Bilan sont en parfaite concordance avec les Livres.

Nous vous proposons, Messieurs, d'approuver les comptes du premier exercice tels qu'ils vous sont présentés par le Conseil d'Administration.

Paris, le 26 Mai 1914.

Les Commissaires des Comptes :

Signé :

G. DELBRUCK. G. C. HOLLINGS. E. SPITZER.

BILAN-INVENTAIRE AU 31 DÉCEMBRE 1913

ACTIF		PASSIF	
Montant non encore versé sur les actions . . . . Fr.	1.125.000 »	Actions. . . . . Fr.	2.500.000 »
Espèces en caisse et dans les Banques.	964.586 75	Créditeurs divers	50.185 70
Missions et Études en cours	316.372 20	Intérêts perçus	52.311 15
Frais de constitution.	14 329 25		
Agencement des bureaux du Siège social.	2.761 »		
Impôts et taxes sur actions	3 602 89		
Frais généraux et d'administration.	175.864 76		
Total. . . . . . . Fr.	2.602.496 85	Total. . . . . . . Fr.	2.602.496 85

RÉSOLUTIONS

PREMIÈRE RÉSOLUTION

L'Assemblée générale approuve dans toutes leurs parties le Rapport et les comptes de l'Exercice clos le 31 Décembre 1913, tels qu'ils sont présentés par le Conseil d'administration, auquel quitus est donné; constatant que la constitution de la Société civile des apporteurs, prévue à l'article 6 des Statuts, n'a pu avoir lieu par suite de cas de force majeure, l'Assemblée générale proroge jusqu'au 31 Décembre 1914 le délai fixé pour la constitution de ladite Société civile.

DEUXIÈME RÉSOLUTION

L'Assemblée générale donne quitus définitif à l'hoirie de M. Bunge, administrateur décédé, ainsi qu'à MM. Shaw Stewart et E. Dymsza, administrateurs démissionnaires. L'Assemblée ratifie la nomination aux fonctions d'administrateurs de Sir Arthur Lawley et de MM. de Routkowsky et Braikevitch.

TROISIÈME RÉSOLUTION

L'Assemblée générale nomme MM. G. Delbruck, G. C. Hollings et E. Spitzer, Commissaires des comptes, chargés de faire un Rapport à la prochaine Assemblée générale ordinaire sur le Bilan et sur les comptes présentés par le Conseil d'administration pour l'Exercice courant; chaque Commissaire aura le droit d'agir seul en cas d'empêchement de ses collègues.

L'Assemblée fixe à mille francs l'indemnité de chacun des Commissaires.

QUATRIÈME RÉSOLUTION

L'Assemblée fixe au pair, moins les versements restant à effectuer, le prix maximum auquel pourra être exercé sur les actions le droit de préemption prévu à l'article 12 des Statuts.

CINQUIÈME RÉSOLUTION

L'Assemblée générale autorise, conformément à l'article 29 des Statuts, et en tant que le besoin pourra s'en présenter, les Membres du Conseil d'administration à faire avec la Société, soit en leur nom personnel, soit comme Administrateurs ou Membres de toutes autres Sociétés, tous traités, marchés ou entreprises sauf à en rendre compte à la prochaine Assemblée générale ordinaire.

5734. — PARIS. — IMP. HEMMERLÉ ET Cie, RUE DE DAMIETTE, 2, 4 ET 4 BIS. (7-14).

5784. — PARIS. — IMP. HEMMERLÉ ET Cie, RUE DE DAMIETTE, 2, 4 ET 4 BIS (7-14).

"THE EL DORADO"

RUBBER BALATA and GOLD MINING Cy Ld

Au capital de £ **50.000** (**1.250.000** francs)

Divisé en 50.000 actions de £ 1 chacune

LONDRES, PARIS, EL DORADO DU CUYUNI (Venezuela)

Siège social : Old Jewry, Londres

NOTICE

51

"THE EL DORADO"

RUBBER BALATA and GOLD MINING Cy Ld

Au capital de £ **50.000 (1.250.000** francs)

Divisé en 50.000 actions de £ 1 chacune

LONDRES, PARIS, EL DORADO DU CUYUNI (Venezuela)

Siège social : Old Jewry, Londres

NOTICE

MAISON D'EXPLOITATION DE LA SAVANE D'ARAPACO

“THE EL DORADO”

PRÉLIMINAIRES

Les établissements de la Société **El Dorado** ont leur siège d'exploitation dans la localité de ce nom, chef-lieu d'un municipe du Venezuela (Amérique du Sud), au centre d'un pays arrosé d'un réseau de cours d'eau, riche à la fois des immenses forêts d'arbres à lait qui couvrent ses montagnes et des alluvions aurifères qui s'y sont déposées de toutes parts à travers les siècles.

La réunion dans une même exploitation de ces deux sources de richesses naturelles, qui d'ordinaire ne voisinent pas, offre, indépendamment d'une double et inappréciable contribution aux bénéfices de la Société, l'utilisation ininterrompue d'une organisation dont l'emploi manquerait par périodes à l'une ou à l'autre exploitation isolée.

Ces établissements ont été créés pour le compte d'une commandite par deux ingénieurs français, M. Charles DE LICHTENBERG, alors secrétaire général de la Société africaine française, et M. Franck ROUBEROL, licencié ès sciences, ingénieur chimiste de l'École de Paris, qui en ont ensuite, pour le compte de leur commandite, fait apport à la Société **El Dorado Ltd**, en assurant à celle-ci par traité leur double concours personnel comme directeurs des exploitations.

Préalablement à la constitution de la Société, M. le commandant LYON, ancien élève de l'École polytechnique, chevalier de la Légion d'honneur, a été chargé de visiter les établissements et les concessions qui en dépendent. Le rapport qu'il a établi à la suite de cette mission, auquel il faudra souvent recourir et qui nous servira de guide dans le cours de cette notice, est aussi complet que consciencieux. Il contient les constatations et les descriptions les plus détaillées ainsi que des renseignements d'une précision scientifique sur la valeur des produits et les conditions de l'exploitation.

L'émission des actions de la Société **El Dorado Ltd** offre aux capitalistes l'occasion d'entrer à ses débuts dans une bonne affaire et de s'y assurer ainsi, dans des conditions de grande sécurité, les avantages réservés aux ouvriers de la première heure.

L'objet de la présente notice est de faire connaître cette affaire, de mettre sous les yeux de ceux que cela peut intéresser les éléments qui leur permettront d'en apprécier les avantages présents et les promesses d'avenir, et de préciser, comme conclusion, dans un exposé financier, les perspectives positives offertes aux souscripteurs d'actions qui sont conviés à entrer dans la Société.

Mais le lecteur serait mal préparé à apprécier les chiffres et les calculs, s'il n'était d'abord renseigné sur les conditions matérielles dans lesquelles se meut l'affaire à laquelle s'appliqueront ces calculs.

Nous le prierons donc de nous suivre par la pensée à **El Dorado** même. Il parcourra avec nous la vaste région où opère la Société ; il constatera sa situation, se rendra compte des moyens de transport et d'expédition ; il écoutera chemin faisant l'historique de la création de ces établissements ; il assistera, sur les lieux d'extraction ou de récolte et à l'usine, aux diverses opérations par lesquelles passent les produits. Il suivra ceux-ci de l'usine au lieu de livraison ou d'expédition. Il reviendra enfin de cette lointaine exploration complètement édifié, et connaîtra le pays où son argent est appelé à travailler, mieux que beaucoup d'autres ne connaissent certains pays d'Europe et même de France où ils ont risqué plus volontiers et quelquefois perdu leurs capitaux.

HISTORIQUE

En 1901, MM. de Lichtenberg et Rouberol, désireux d'utiliser leurs connaissances techniques, notamment les études auxquelles s'était livré M. Rouberol sur la coagulation des laits végétaux et les méthodes perfectionnées instituées par lui pour la fabrication de gommes en provenant (caoutchouc, gutta-percha, etc.), se trouvaient à Bolivar, au retour d'une longue et laborieuse exploration dans des régions encore inconnues du Venezuela. Une des plus fortes maisons de la place, la maison Pietrantoni Hermanos, leur offrit de monter une affaire à son compte en leur réservant la faculté de la racheter à des conditions convenues, s'ils consentaient à établir leur usine dans la zone de son exploitation commerciale, c'est-à-dire sur le territoire du Callao. Ils acceptèrent avec d'autant plus d'empressement que ce pays est un des plus riches en balata (arbre à lait fournissant une gutta de bonne qualité), et qu'au centre des forêts vierges de la rive droite de la rivière Cuyuni, qui leur avaient été particulièrement signalées, ils trouvaient à **El Dorado** les éléments essentiels d'une installation.

M. L'INGÉNIEUR FRANCK ROUBEROL, DIRECTEUR

El Dorado, centre de récente création, situé dans un défrichement assez considérable pratiqué dans l'immense forêt guyanaise, n'existait pas à l'état d'agglomération avant 1890. A cette époque, les Anglais, dont la colonie (Guyane anglaise) est limitrophe de cette région du Venezuela, séduits par la richesse aurifère du bassin du Cuyuni, trouvèrent bon de s'y installer et vinrent, sous la protection de leur drapeau national, créer une station sur la rive droite du Cuyuni, en face du confluent du Cuyuni et du Yuruan. Le gouvernement vénézuélien, insuffisamment armé pour s'opposer par la force à cet empiètement, se borna à protester auprès des puissances européennes, tout en fondant à son tour, sur la rive gauche du Cuyuni, un poste de police en face des Anglais; et ceux-ci ayant construit un cottage, les Vénézuéliens construisirent un village de cinq maisons, une caserne, une église, une cure. Ils ouvrirent, en outre, une route de dix mètres de largeur, qui relie **El Dorado** à **Tumerem**, le plus prochain centre, situé à 82 kilomètres au nord, passe par **El Callao**, centre aurifère bien connu puis se prolonge sur 240 kilomètres jusqu'à **San Felix**, sur l'Orénoque, à huit heures de Bolivar.

En 1898, une sentence arbitrale européenne prononcée à Paris ayant obligé les Anglais à évacuer le Cuyuni, la station créée par le Venezuela n'eut plus d'intérêt pour celui-ci et fut abandonnée. Mais **El Dorado** était fondé et se trouvait prêt à fournir les éléments de l'installation qu'y organisèrent, plus tard, MM. de Lichtenberg et Rouberol.

C'est là qu'après leur entente avec MM. Pietrantoni Hermanos, ces Messieurs jetèrent dès 1901 les bases de leur établissement. Ils y trouvèrent tout prêts les bâtiments nécessaires, la caserne se prêtant en particulier admirablement à l'installation d'une usine. Ils obtinrent de vastes concessions forestières, et M. Rouberol partit pour acheter en Europe le matériel qui était nécessaire à l'exploitation projetée. Des difficultés accidentelles se rattachant à l'achat et au transport de ce matériel, le temps qui fut nécessaire au recrutement du personnel et à l'organisation de l'entreprise absorbèrent une partie de la saison. On réussit néanmoins à produire dans une campagne réduite à quarante jours, 5 tonnes et demie de gomme vendues 42.000 francs. Il y avait eu, abstraction faite du prix du matériel, une dépense de 40.000 francs. L'entreprise avait pu ainsi, malgré tout, vivre sans perte.

M. CH. DE LICHTENBERG, EXPLORATEUR, DIRECTEUR

Suivant les conventions passées avec la maison Pietrantoni Hermanos, MM. de Lichtenberg et Rouberol s'étaient réservé le droit de racheter l'affaire moyennant, outre le remboursement de diverses avances, fixées depuis à 25.000 francs, un prix de 90.000 francs, dont 50.000 francs à verser le 15 mars 1903, ce versement devant rendre le rachat ferme.

MM. de Lichtenberg et Rouberol s'adressèrent à un groupe de capitalistes français avec lesquels ils constituèrent, au capital de 200.000 francs, une Société en commandite simple.

Les 50.000 francs, condition de la cession PIETRANTONI Hermanos, furent payés dans le délai fixé, et la cession, comprenant les concessions forestières qui seront décrites plus loin, est devenue définitive.

Mais au cours de leur exploitation, MM. DE LICHTENBERG et ROUBEROL constatèrent qu'ils ne se trouvaient pas seulement au centre des forêts d'arbres à lait, mais en pleine région aurifère.

El Dorado se trouve en effet compris dans le fameux bassin aurifère du Callao situé dans l'angle formé par le Yuruan et le Yuruari.

C'est là que MM. DE LICHTENBERG et ROUBEROL ont trouvé autour d'eux des terrains aurifères considérables, qu'ils ont, avec l'assentiment de leurs commanditaires, prospectés à grands frais, sur lesquels ils ont obtenu du gouvernement vénézuélien des concessions étendues, et dont la valeur a été confirmée par le rapport de M. l'ingénieur LYON.

L'exploitation de l'or s'ajoutant à l'exploitation des arbres à lait donne à l'entreprise une telle ampleur qu'elle nécessite et justifie actuellement l'emploi de capitaux beaucoup plus considérables que ceux qui y ont été consacrés jusqu'à présent. Pour les réunir, la constitution d'une Société par actions était indiquée.

Les chiffres et évaluations qui résulteront de cette notice et l'exposé financier qui en sera la conclusion, montreront quelle rémunération et quel avenir les capitaux auxquels il est fait appel peuvent attendre de cette affaire.

SITUATION GÉOGRAPHIQUE ET ÉCONOMIQUE

Le pays d'**El Dorado**, compris dans le territoire du Yuruari, à l'extrémité sud du Venezuela, est une partie de la Guyane et touche à l'est à la Guyane anglaise. Il est traversé par un réseau de rivières qui constitue des moyens de communication dans toutes les directions.

La grande rivière Cuyuni, sur la rive gauche de laquelle est située l'agglomération d'**El Dorado**, prend sa source à une cinquantaine de kilomètres au sud, sur une ramification des monts Roraïma, nœud hydrographique extrêmement important. De là, descend également vers le sud le Rio Branco, affluent de l'Amazone entièrement navigable.

Le Cuyuni reçoit à gauche le Chicanang, en amont d'**El Dorado,** et, à **El Dorado** même, toujours à gauche, le Yuruan. Celui-ci reçoit à peu de distance, en amont et à gauche, le Yuruari qui passe au Callao.

Le Cuyuni se jette dans l'Essequibo à Bartica, à peu de distance de la mer et de Demerara. MM. DE LICHTENBERG et ROUBEROL ont fait le voyage de **El Dorado** à **Bartica** dans une pirogue de 12 mètres de longueur, 80 centimètres de largeur et 20 centimètres de tirant d'eau, montée par huit marins.

A 170 kilomètres par le Cuyuni, soit à 110 kilomètres à vol d'oiseau, ce fleuve reçoit sur sa rive gauche la rivière Acarabisi, qui forme la frontière avec la Guyane anglaise. Ce confluent est relié par une route de 100 kilomètres à Mozawimi, en Guyane anglaise, sur la rivière Barama; Mozawimi est relié lui-même par une route de 50 kilomètres à Arakaka, sur la rivière Barima. Arakaka est un centre minier important relié à Mount Everard et à Demerara par des vapeurs qui font le trajet en peu de temps et à peu de frais.

Le Chicanang prend sa source au col du mont Lema, à travers lequel un portage très court permettra d'aller exploiter le bassin du Carrao (affluent du Caroni) qui, d'après des renseignements précis, est très riche en caoutchouc.

Les montagnes que couvrent les forêts de cette région constituant la ligne de partage des eaux entre les affluents de droite de l'Orénoque moyen et ceux du Rio Branco, un des grands affluents de l'Amazone, se prolongent jusqu'au Cassiquiare, canal naturel qui fait communiquer l'Orénoque au Rio Négro. Les arbres à lait, qui les boisent par groupes considérables, se divisent en balatas et en arbres à caoutchouc; mais ces deux essences ne s'y trouvent pas mêlées, car chacune d'elles exigeant des conditions climatériques distinctes, le caoutchouc ne peut se développer là où se développe le balata et réciproquement. La région du balata, qui est la plus rapprochée de **El Dorado**, s'arrête aux sources du Cuyuni et fait place, à partir de cette limite, à l'arbre à caoutchouc.

C'est de l'extrémité opposée de la même chaîne de montagnes que provient tout le caoutchouc expédié par les établissements du Haut Amazone et du Rio Négro.

En 1905, deux importantes maisons d'exportation de Bolivar, les maisons SPRICK et AURELIO BATTISTINI, ayant envoyé deux expéditions dans une partie moins éloignée de ces montagnes, ces expéditions ont rapporté chacune 120 à 140 quintaux de caoutchouc.

Plus près, à 4 ou 500 kilomètres de la région, à l'Est, où eurent lieu ces expéditions, à vingt jours à peine de **El Dorado**, se trouve, au milieu d'une savane avoisinant les mêmes forêts, un village d'Indiens connu sous le nom de Camerata, qui est un centre de production de caoutchouc.

Ce caoutchouc est exploité irrégulièrement et individuellement par les Indiens de Camerata qui le traitent par leurs procédés primitifs et l'apportent en boules à **El Dorado**, où ils le livrent à l'établissement.

El Dorado étant lui-même à vingt jours environ de Bolivar, port d'expédition, on peut dire que les caoutchoucs peuvent y être exploités sur place à quarante jours du port, tandis que c'est cent vingt ou cent quarante jours qu'il faut compter pour les autres exploitations.

Plus au nord et à peine à un jour de **El Dorado**, viennent mourir les derniers contreforts de la fameuse sierra aurifère du Callao, dont les pentes ont été sillonnées à des époques inconnues par les eaux descendues des sommets en désagrégeant sur leur passage les roches quartzeuses; et les siècles y ont accumulé, au fur et à mesure des dessèchements, des alluvions composées de sables aurifères provenant de la décomposition des quartz de la montagne. Ces alluvions, très riches en or, sont répandues partout sur les pentes de ces montagnes et particulièrement dans le bassin de **El Callao**.

L'or qui se trouve dans cette région n'est pas enfoui dans les entrailles de la terre et défendu par des rochers où il faut creuser des galeries profondes, mais mêlé aux terres d'alluvion, desquelles il n'y a qu'à le séparer par des procédés simples et relativement peu coûteux.

Tout indique, du reste, qu'il existe aussi des filons aurifères dont la richesse exploitable reste à déterminer, mais est, d'après des renseignements déjà précis, digne d'être considérée.

Tel est le pays au centre duquel se trouve **El Dorado**, siège d'exploitation de la Société.

Cette petite ville encore nouvelle et créée en quelque sorte ou plutôt ramenée à la vie par MM. de Lichtenberg et Rouberol, faisait partie jusqu'à ces derniers temps du district de Zea, chef-lieu du Tumerémo, territoire du Yuruari, chef-lieu Guasipati. Depuis le mois de septembre 1905, elle a été érigée en municipe et dépend directement de Guasipati.

Sa situation, telle qu'elle vient d'être décrite, l'appelle à un grand avenir: « C'est, dit M. Lyon dans son rapport, un point de jonction entre la Guyane « vénézuélienne d'une part, et, d'autre part: 1° la Guyane anglaise, par le bas « Cuyuni, via Bartica ou via Arakaka; 2° le Brésil, par le haut Cuyuni et le Rio « Branco, et enfin 3° le bassin du Carrao par le Haut Cuyuni et le Chicanang. »

Elle est appelée à devenir un centre des plus importants, surtout après la construction du chemin de fer projeté et déjà en voie de préparation avancée qui doit relier le Callao à l'Orénoque. Ajoutons qu'un autre chemin de fer non moins important pour la région va être construit par les Anglais, qui, désireux de profiter des 400 kilomètres du cours du Cuyuni qui leur ont été laissés par la sentence arbitrale, ont déjà commencé les travaux de jalonnements de cette nouvelle voie ferrée. Celle-ci suivra le cours du Cuyuni jusqu'à son affluent Acarabicie, point frontière avec le Venezuela. Elle aura l'avantage, tout en desservant les 150 ou 200 placers qui prospèrent sur le bas Cuyuni, de mettre **El Dorado** à 4 jours de la mer, c'est-à-dire du port de Georgetown, capitale de la Guyane anglaise.

CONCESSIONS

Forêts. — Au Venezuela, l'exploitation des arbres à lait est libre, le bois appartenant à celui qui l'a découvert, à la condition d'en faire la déclaration au chef civil le plus voisin, et sous la seule obligation de ne pas laisser les « purguals » (on donne ce nom à chaque groupe d'arbres pouvant donner du travail pour une saison à au moins vingt-cinq hommes) deux saisons consécutives sans les travailler effectivement.

Mais pour une entreprise importante, comportant un matériel peu mobile et des frais d'établissement considérables, il ne fallait pas travailler au hasard des découvertes et à coup d'accusations de purguals. Il fallait un terrain d'opération important assurant à l'entreprise de longues années de travail. Dans ce but, deux concessions furent demandées et facilement obtenues du gouvernement vénézuélien. Elles résultent d'un acte officiel du gouverneur du territoire fédéral du Yuruari, en date du 15 juin 1902. Cet acte accorde à MM. Pietrantoni Hermanos, à qui, comme il a été expliqué, se trouve substituée aujourd'hui la Société, un privilège d'exploitation sur deux zones de forêts dénommées Concession Balata n° 1 et Concession Balata n° 2.

La concession balata n° 1 s'étend à l'est d'**El Dorado**, sur la rive du Cuyuni (droite), entre celui-ci au nord, les monts Obinirotos au sud, la Quebrada Señora à l'ouest, et à l'est, la rivière Venamo qui forme la frontière entre le Venezuela et la Guyane anglaise. Elle a une contenance officielle de 25 kilomètres carrés.

« Elle est complétée à l'ouest (Rapport, p. 19) par une partie jointive, occupée « et exploitée, dans laquelle **MM.** de Lichtenberg et Rouberol ont pratiqué des « picas (routes) et établi des ranchos. Cette partie occupation ouest se trouve « dans l'angle saillant, figuré par le cours du Cuyuni, au sommet duquel est situé « **El Dorado** sur la rive gauche, et forme un tout avec la concession n° 1. »

Elle a une contenance de 49 kilomètres carrés, ce qui donne à l'exploitation entière une étendue de 74 kilomètres carrés.

« En face de la partie ouest (Rapport, *ibid.*) de la concession Balata n° 1 « et de l'occupation ouest, se trouve, sur l'autre rive du Cuyuni (rive gauche), « l'occupation nord, entre le Yuruari, le Cuyuni et une pica allant de Cabeza del « Burro sur le Yuruari à l'ouest, à l'Algarobo sur le Cuyuni, à l'est. »

Cette occupation, qui a été établie principalement en vue de se protéger contre les incursions d'exploitants de balata qui pourraient venir du nord et spécialement du Tumeremo, a une contenance de 26 kilomètres sur 7, ou 182 kilomètres (Rapport, *ibid.*).

La concession balata n° 1 est desservie, comme moyens de transport et d'accès, soit par le Cuyuni, le long duquel elle s'étend, soit par de nombreuses routes ou picas ouvertes par MM. de Lichtenberg et Rouberol, et permettant le trafic par animaux de bât ou de trait. Il y a lieu de noter que le point extrême atteint n'est pas à vingt kilomètres de **El Dorado**, d'où on peut y aller et en revenir dans une même journée, ce qui indique à la fois l'abondance des balatas et la facilité de leur exploitation.

La concession balata n° 2 s'étend sur la rive gauche du Cuyuni, entre le Rio Guarupaï au nord, la rive gauche du Rio Karatapipaï au sud, la rive gauche du Cuyuni à l'est, et la rive droite du Yuruari à l'ouest.

Elle embrasse 30 kilomètres carrés.

Elle est desservie par le Cuyuni et les picas établies au fur et à mesure de l'exploitation.

Caoutchouc. — La Société reçoit des Indiens de Camerata, qui le lui apportent, le caoutchouc qu'ils ont recueilli et traité dans leur village. Une exploitation régulière sera organisée sur place, dès qu'une expédition qui est prévue aura permis l'occupation légale de cette partie de la forêt.

Quoique cette exploitation doive être plus éloignée de **El Dorado** que les concessions de balata, puisqu'elle se trouve au delà de celles-ci, elle sera néanmoins d'un accès facile par la voie fluviale du Cuyuni et du Chicanang, son affluent, jusqu'à sa source, puis le col du mont Lema, et le Rio Carrao, qui entre en pleine région du caoutchouc. L'ensemble de ces rivières ne présente pas de difficultés de navigation. On peut se servir, au moment des eaux favorables, d'une embarcation à vapeur (qui est comprise dans les prévisions du matériel) et réduire ainsi à deux jours ou deux jours et demi le trajet jusqu'à la source du Chicanang, qui autrement demande de 6 à 8 jours.

CONCESSIONS AURIFÈRES

Un code spécial, appelé *codigo de Minas*, règle le mode d'acquisition de droits sur les mines et terrains miniers.

Quiconque a découvert un placer doit, pour s'en assurer la possession, l'accuser par une déclaration au gouvernement, et cette accusation doit ensuite être publiée dans la gazette officielle du territoire. A la suite de cette accusation, une première procédure aboutit à la délivrance d'un titre provisoire assurant, pendant un an, à son titulaire, le privilège d'obtenir, à l'exclusion de tous autres, un titre définitif de concession.

Un titre provisoire a été ainsi obtenu par MM. de Lichtenberg et Rouberol sur trois étendues de terrains aurifères qui y sont dénommées : la Pinta Hechicera, la Pinta Perseveranza, et la Pinta Esperanza ou El Yuruan.

Cette dernière n'est mentionnée ici que pour mémoire, parce que l'ingénieur

CONFLUENT DU YURUAN ET DU CUYUNI A « EL DORADO »

Lyon n'a pu la prospecter à cause de l'élévation des eaux à l'époque où il était sur les lieux ; et parce que, au surplus, les droits qu'y avaient acquis MM. de Lichtenberg et Rouberol par titre provisoire sont périmés. Il faut néanmoins la noter, parce qu'elle a une réelle importance et qu'il suffira à la Compagnie, pour en obtenir la concession, de déclarer et de publier une nouvelle accusation en son nom.

La Pinta Hechicera et la Pinta Perseveranza, dont les titres provisoires sont du 21 décembre 1905, sont l'objet d'une demande de titres définitifs dont la délivrance n'est plus subordonnée qu'au temps matériel pour les établir et qui sont dès maintenant acquis par le fait seul du dépôt de la demande dans le délai (1).

La Pinta Hechicera. — Elle est située dans le bois, sur la rive gauche de la rivière Yuruan qui se jette dans le Cuyuni à **El Dorado** même et à 25 kilomètres

EXAMEN DU PRODUIT D'UNE BATÉE

en amont de ce point, un peu en aval du rapide de Berebichi. Elle se trouve à 2.000 mètres environ de la rivière, dont elle est séparée par une hauteur escarpée. Un peu plus près d'**El Dorado**, en amont du rapide Manarevaca, on a tracé un autre chemin plus long (3.600 mètres) mais suivant le thalwegg (rive) d'une quebrada et en pente assez douce.

Elle comprend une étendue carrée de 2 kilomètres de côté et une quebrada principale qui reçoit une autre quebrada recevant elle-même divers affluents la traverse. Elle se compose de 2 zones aurifères superposées : au-dessous l'alluvion et au-dessus la flor. L'alluvion occupe la partie inférieure de la vallée ; là, elle est recouverte par la flor, qui, au fur et à mesure qu'on s'élève, devient de plus en plus importante, de façon que, dans la partie supérieure, il n'y a plus que la flor. La flor est plus riche que l'alluvion (Rapport, p. 31).

La Pinta Hechicera contient principalement de l'or gros dont la teneur, évaluée par M. le Commandant Lyon, représente 20 francs par tonne. Le traitement prévu est de cent tonnes par jour.

Indépendamment de l'or libre, les terres traitées contiennent en outre des fragments de quartz riches en or qui sont rejetés et ne sont pas actuellement utilisés. Ces fragments de quartz, pour le traitement desquels un moulin de 12 chevaux est conseillé par M. Lyon et prévu dans le matériel, peuvent fournir à l'exploitation vingt tonnes par jour produisant 69 grammes par tonne.

---

(1) Les titres définitifs de ces deux Pintas, qui confèrent à la société un droit d'exploitation avec propriété du sol, pour 99 ans sont, à l'heure actuelle, obtenus.

La Pinta Perseveranza. — La Pinta Perseveranza est située dans le bois, sur la rive gauche de la rivière Yuruan, qui se jette dans le Cuyuni à **El Dorado** et à 18 kilomètres en amont de ce point, un peu en amont du rapide de Camaria.

Elle se trouve à 2.625 mètres environ de la rivière, sans dénivellation sérieuse. Elle représente un carré de 2 kilomètres de côté. Elle est traversée par une quebrada.

Un rancho y est établi et M. Rouberol y a installé un sluice mobile en bois construit par lui, qui est mû par une machine à vapeur.

La Pinta Perseveranza contient principalement de l'or fin. Le terrain prospecté par M. Lyon, d'une épaisseur en alluvion de 50 centimètres, a, d'après son évaluation (p. 32 du Rapport), une teneur de 20 à 25 francs par tonne.

En dehors de l'or libre, les alluvions de cette pinta contiennent aussi des fragments de quartz aurifères à traiter, comme il a été dit pour la Hechicera, au moyen du moulin à or prévu.

Enfin M. Lyon a constaté la présence d'un affleurement qui peut faire prévoir d'après lui une riche exploitation filonienne.

Les deux concessions aurifères sont desservies par la rivière Yuruan.

Ces deux concessions sont loin, il importe de le remarquer, de constituer une limite à l'exploitation de la Compagnie. Les prospections continuent et assurent, par des accusations successives, préparant les nouvelles concessions, la continuité de cette exploitation.

Le véritable gage de cette continuité illimitée, c'est la qualité aurifère des immenses terrains constituant le bassin du Callao, dont la production en or est connue. Faut-il rappeler que les mines du Callao, qui ne sont pas à plus de 80 kilomètres à vol d'oiseau d'**El Dorado,** ont distribué cinq cent millions de dividendes en vingt ans et que les parts de 10.000 francs ont valu jusqu'à £ 50.000 ou 1.250.000 francs! Une seule des concessions décrites ci-dessus assure, pendant trois ans, une exploitation portant sur 90.000 tonnes, soit 1.108.000 francs de bénéfices en prenant l'estimation minimum du Commandant Lyon.

Mais il importe de rappeler que M. Lyon déclare n'avoir pu, faute de temps et à raison de conditions climatériques défavorables et de la limite des prévisions budgétaires, prospecter qu'une faible partie des concessions, et que ses prospections, qui ont duré vingt-six jours, n'ont porté que sur une surface de 1.200 mètres sur 100 (p. 36), alors que les deux concessions représentent ensemble 8 kilomètres carrés. Et quand il s'exprime ainsi (p. 30) : « Il resterait, en outre, le matériel et le bénéfice des prospections qui seront faites aux environs pendant la durée de l'exploitation ; » cette observation doit s'entendre non seulement des prospections à faire au delà des concessions, mais des prospections qu'il n'a pu faire dans l'étendue des concessions elles-mêmes, et qui promettent des rendements bien supérieurs aux évaluations fournies par lui en résultat de prospections relativement restreintes.

EN FORÊT

Nous voici sur le terrain où se recueille le lait destiné à devenir du balata.

Ce lait est extrait au moyen d'incisions pratiquées dans le bois des arbres, et recueilli dans des récipients. Mais pour cela deux procédés sont employés, et le spectacle de la récolte différera suivant que nous y assisterons en territoire anglais ou en territoire vénézuélien.

Si nous sommes en forêt de Guyane anglaise, nous ne verrons nul arbre étendu à terre. Il est défendu de les abattre; les incisions se font sur l'arbre debout et vivant : c'est de la vivisection. Par ce procédé, les Anglais ont cru assurer la conservation des forêts. Disons de suite qu'ils se trompent. Les arbres restent debout, c'est vrai, mais ils sont blessés à mort, et le procédé ne leur assure qu'une agonie dont la prolongation nuit à leur renouvellement, car ils ne sont plus qu'un objet d'encombrement et tiennent une place où des arbres jeunes pourraient croître. La récolte est bien moindre et cette diminution n'est en réalité compensée par aucun avantage. L'abatage des arbres, qui permet une plus abondante et plus rapide récolte de lait, ne nuit pas plus à la conservation des forêts que les coupes réglées en usage dans nos pays pour les bois de chauffage ne nuisent aux bois où elles sont pratiquées. Pendant l'exploitation des arbres abattus, la forêt se repeuple derrière les bûcherons d'une nouvelle végétation plus riche La coupe, ici, est réglée par l'immensité même de la forêt, dont le procédé d'abatage des arbres arrivés à la croissance exploitable produit au contraire le rajeunissement continu. Ce procédé permet une récolte beaucoup plus abondante.

Nous voici en forêt vénézuélienne; voici, reproduits par la photographie, les bûcherons attaquant le tronc vigoureux dont la hache a promptement raison.

ABATAGE D'UN BALATA

Voici le tronc étendu; voici les hommes occupés, après des incisions méthodiques, à en recueillir tout le suc précieux.

SAIGNÉE DU BALATA

Il est facile, en effet, de se rendre compte, à la seule vue de la photographie ci-contre, que les incisions circulaires méthodiques qui sont pratiquées à plat et commodément du haut en bas du tronc qu'elles embrassent complètement, permettent d'épuiser, en quelque sorte jusqu'à la dernière goutte le suc qu'il contient, à la différence des incisions longitudinales forcément moins efficaces et moins complètes qu'on peut pratiquer sur l'arbre debout.

PERSONNEL

Nous avons parlé plus haut des Indiens recueillant le lait de l'arbre à caoutchouc pour le traiter dans leurs campements et le porter à l'état de gomme à l'établissement exportateur.

Ceux-là sont des ouvriers libres vendant à la maison le produit de leur travail. Mais ce n'est pas ce travail libre qui est appelé à approvisionner l'entreprise dès qu'une exploitation régulière aura été organisée.

Le système qui sera alors employé et qui est employé exclusivement pour l'exploitation du balata, est le système des péones (ouvriers) attachés à l'établissement et travaillant pour son compte.

Le régime d'organisation du travail par les péones comporte des règles et des coutumes qu'il est intéressant de faire connaître.

Le péone est lié à la maison par un contrat et par une dette. Le contrat règle le prix auquel lui sont payés par quantités déterminées, en général par quintal (ou 46 kilogs), les produits recueillis et livrés par lui, ainsi que le chiffre d'une avance qui lui est faite au début de la campagne, en argent ou en fournitures. Cette avance est portée à son débit et forme le premier article d'un compte qui lui est ouvert. Chaque fois qu'il livre le produit de son travail, le stock ainsi livré est inscrit à son crédit au prix convenu. En même temps il est fourni par la Pulpéria (magasin annexé à tout établissement, dont il est un accessoire indispensable dans ces pays éloignés de tout centre de ravitaillement) de toutes les choses nécessaires à la vie, dont il a besoin. Le prix de ces fournitures, sur lesquelles l'établissement fait un bénéfice de 50 0/0, est porté à son débit. C'est une règle à laquelle on connaît bien peu d'exceptions, que le péone est toujours débiteur.

Il ne lui est pas permis de rompre son contrat sans se libérer de sa dette. Les lois du pays sur ce point ne lui permettent pas d'échapper à ses obligations, et des moyens de contrainte rigoureux le lient très efficacement à la maison, à laquelle on peut dire très exactement qu'il appartient.

Ce personnel, recruté dans tous les éléments de la population et appartenant à toutes les races (Indiens, nègres anglais ou français, métis, etc...), est loin d'être mûr pour la liberté du travail ; il n'y songe même pas. Ajoutons qu'il n'y a pour ainsi dire pas d'exemple que le péone cherche à échapper à la condition qui lui est faite et qui, en Europe, peut nous étonner, mais qui là-bas est acceptée sans récrimination et paraît faire l'affaire de tout le monde.

Le recrutement se fait parmi les péones libres qui ne sont encore liés à aucun établissement ; et aussi par le rachat qui est fait de leur compte d'établissement à établissement et au moyen duquel ils passent d'une maison à une autre.

C'est ce dernier mode de recrutement qui est, le plus souvent, et en tout cas le plus qu'on peut, pratiqué. Il est en effet le plus avantageux, parce que le compte est toujours acheté pour un prix inférieur à la dette avec laquelle le péone passe ainsi à la maison qui l'a racheté. Et il est telles circonstances, telles époques où on peut se procurer par ce moyen un personnel de péones à très bon compte, quand une maison, pour une raison ou pour une autre, cesse ou interrompt son exploitation, quand des besoins d'argent l'obligent à recourir à toutes ses ressources.

C'est par ce moyen qu'on se procure le personnel le plus expérimenté, de vrais balatistes, ayant déjà travaillé, connaissant le métier et donnant le maximum de production.

INDIENS CARAÏBES DU MOYEN CUYUNI AU SERVICE DE LA COMPAGNIE (AU CENTRE, LEUR CAPORAL)

PÉONES INDIENS ARICUNAS ET LEUR CHEF

Les péones, par groupes de vingt hommes environ, sont envoyés dans une embarcation, sous la conduite d'un caporal, dans un purgual déterminé. Et toutes les semaines, le chef d'exploitation va lui-même avec un convoi chercher la gomme, inspecter les travaux et ravitailler le personnel. Nous avons vu ce personnel à l'œuvre sur le purgual.

DÉPART D'UNE COMPAGNIE DE BALATISTES

Telle est l'organisation du travail pour la balata et la production de la gomme.

HALTE D'UNE EXPÉDITION MIXTE

En nous rapprochant de **El Dorado**, nous pouvons assister aux travaux d'extraction de l'or par le traitement des terres aurifères de la Pinta Hechicera et de la Pinta Perseveranza.

C'est par le lavage des terres que l'or en est séparé. Deux systèmes existent pour cette opération.

L'un d'eux, employé avec succès dans de très grandes exploitations et quand les conditions du terrain s'y prêtent, consiste à amener l'eau par des moyens mécaniques sur le terrain aurifère. Il faut que l'eau amenée par des tuyaux arrive sur place sous une très forte pression, et cette pression doit être obtenue en emmagasinant l'eau dans des réservoirs construits à un niveau très supérieur. L'eau arrivant ainsi sur la terre la désagrège et la fait tomber dans les sluices qui achèvent l'opération sur place.

Ce système, connu sous le nom de procédé hydraulique, a été proposé par M. Lyon pour la Pinta Hechicera. Mais il a été reconnu désavantageux pour les conditions spéciales où se trouve la concession, notamment parce que, tout en diminuant considérablement les frais de personnel, il augmente les autres

MACHINE A LAVER L'OR

frais dans une proportion telle qu'il grève l'or obtenu d'une dépense plus forte que le procédé en usage.

Ce dernier procédé, seul employé par la Compagnie, consiste à extraire les terres aurifères par des moyens mécaniques. Les terres ainsi extraites sont amenées à la rivière Yuruan au moyen d'un petit chemin de fer genre Decauville.

Sur le bord de la rivière, l'or est traité dans un sluice. Le sluice est un grand canal en bois de 30 à 60 mètres de long sur 0,60 centimètres de large ; les terres aurifères y sont poussées sous la pression d'un fort courant d'eau : le sluice chasse ainsi les parties plus légères, terre, pierres, et laisse dans des interstices préparés à cet effet l'or qui est plus lourd.

On peut voir dans la photographie reproduite ci-contre les hommes occupés à laver à la battée avant de monter leur sluice.

Le matériel prévu de la Compagnie comporte des machines qui simplifieront et accéléreront l'opération, ce sont les sluices François avec pompe et moteur à pétrole de six chevaux.

SÉCURITÉ

Les fréquents changements de gouvernement et les révolutions qui troublent périodiquement le pays pourraient effrayer quelques personnes informées seulement par la voie des journaux des choses de Venezuela.

Il est exact que la capitale, Caracas et les régions environnantes ont été le théâtre de troubles politiques fréquents, mais ceux-ci n'ont jamais empêché les entreprises minières de se développer et de prospérer. Quoique province véné-

LAVEURS D'OR DU YURUARI

zuélienne, la Guyane, dont El Dorado forme l'extrémité méridionale, en est séparée géographiquement et économiquement; elle ne subit jamais le contre-coup des révolutions de la Métropole.

Il y a pour cela des raisons géographiques et politiques.

Le Venezuela est coupé en deux par l'Orénoque :

1° Au nord, la partie des llanos, plaines immenses où le bétail abonde, où des agglomérations se groupent, où le café, le cacao, le manioc, produits d'exportation, font vivre l'indigène. C'est dans ces groupes faciles à ravitailler en vivres, par le bétail et les cultures, en armes et munitions, grâce à leur voisinage avec la mer, que les révolutionnaires, n'ayant qu'un but, gagner Caracas, recrutent de gré ou de force leurs partisans. On y voit de grandes villes dont la possession offre un point d'appui assuré aux révolutionnaires.

2° Au sud de l'Orénoque, c'est la Guayana, Guyane vénézuélienne. Quelques savanes et la forêt vierge. Aucune communication avec l'extérieur, autre que l'Orénoque. Une seule ville importante, Cuidad-Bolivar, un centre minier, El Callao, pour le reste quelques agglomérations d'agriculteurs très éloignés les unes des autres et de communications difficiles.

La population est pour les trois quarts composée de noirs anglais que la vie facile et sûre, le travail minier ou forestier bien rémunéré ont attiré dans la province.

Main-d'œuvre excellente et en grand nombre, n'acceptant en aucune façon les troubles suscités par les révolutions. Le gouvernement britannique, soucieux des intérêts de ses nationaux protège énergiquement ses sujets noirs.

Une autre cause de sécurité pour notre Compagnie *anglaise* est le voisinage de l'île de Trinidad, qui commande les bouches de l'Orénoque. Cette île est la station de la flotte anglaise des Antilles, ce qui permet, comme nous l'avons constaté; aux agents consulaires britanniques de réquisitionner un navire de guerre à la moindre infraction aux lois internationales.

Les chefs révolutionnaires le savent et n'ayant en Guyane ni recrutement, ni ravitaillement possible, ils n'opèrent qu'au nord de l'Orénoque.

ÉTABLISSEMENTS

Nous voici de retour à **El Dorado.**

Ici nous trouvons d'abord l'usine dans l'ancienne caserne construite sur la rive gauche du Cuyuni par le Gouvernement.

Nous ne nous attarderons pas à la description des divers appareils et machines qui y sont installés, ce qui nous entraînerait à des détails trop techniques.

A côté, la **Pulpéria**, qui contient tous les approvisionnements nécessaires au personnel et qui est une source intéressante de bénéfices, puisque, par les fournitures faites aux péones, elle dégrève d'un tiers au moins la dépense de ce personnel.

Sur la rive droite, le dépôt des gommes installé dans l'ancienne caserne des Anglais.

L'ANCIENNE CASERNE DES ANGLAIS. DEPOT DE GOMME DE LA COMPAGNIE

ÉTABLISSEMENTS

HABITATIONS DU PERSONNEL DE LA COMPAGNIE

La maison d'habitation des Directeurs, les habitations des employés attachés à l'établissement constituent le centre de l'agglomération. Sur la rivière, nous voyons les embarcations affectées au transport des péones et des produits. Bientôt y flottera un canot à vapeur, qui est compris dans les prévisions de matériel.

De là partent les marchandises par les voies diverses, fluviales et terrestres, qui ont été décrites plus haut, pour être conduites à El Callao où elles peuvent être vendues ou dirigées sur Bolivar, d'où elles sont chargées pour l'Europe.

Les prix de transports et autres dont elles sont grevées et leur prix de revient en Europe, sont indiqués dans l'exposé financier, que le moment est venu de mettre sous les yeux du lecteur.

EXPOSÉ FINANCIER

EMPLOI DU CAPITAL — PRODUIT ANNUEL — FRAIS — BÉNÉFICES NETS

On suivra, pour l'indication des dépenses, qui constituent l'emploi du capital, ainsi que pour l'évaluation des produits et des frais dont ils sont grevés, le rapport de M. l'ingénieur LYON.

Tous les calculs, il est vrai, n'ont pas été faits par lui : certains sont soumis à une alternative, d'autres sont à faire entièrement. Mais nous n'en présenterons aucun dont les éléments positifs ne soient puisés dans ce Rapport.

En prenant ainsi pour base les chiffres et les évaluations fournis par M. LYON, qui s'est visiblement inspiré, dans toutes les parties de son travail, d'un souci jaloux de sa responsabilité morale, ce ne seront plus des prévisions plus ou moins aléatoires que nous présenterons, mais plutôt un minimum de certitudes appelées à être largement dépassées dans la réalité.

EMPLOI DU CAPITAL

§ 1er

CONCESSIONS FORESTIÈRES

Le capital nominal est de Fr.	1.250.000
Il se subdivise en :	
Actions d'apport	230.000
Actions émises	1 020.000

EMPLOI DU CAPITAL

1. Rachat de l'actif et des droits de l'ancienne société en commandite de Lichtenberg, Rouberol et Cie, comprenant :

a) 2 concessions forestières pour l'exploitation des arbres à lait.

La première, dénommée sur les actes, concession n° I, d'une superficie de 25 km².

La seconde, dénommée concession n° II, d'une superficie de 30 km². Accordées en vertu des pouvoirs du général Manuel Silva Medina, gouverneur du territoire fédéral Yuruari en date du 15 Juin 1902.

b) Deux zones d'exploitation régulièrement occupées et garanties par la loi forestière de 1901, pour le même objet, d'une superficie, l'une de 49 km², l'autre de 182 km².

c) Une concession aurifère dénommée la « Perseverancia » et concédée par le Gouvernement vénézuélien à MM. de Lichtenberg et Rouberol, par un acte en date du 20 décembre 1905 d'une superficie de 4 m²k. Les parties contrôlées par M. le commandant Lyon, d'une superficie de 12 hectares, accusent 86.400 tonnes d'alluvion d'une teneur moyenne de 20 francs d'or à la tonne, soit 1.728.000 francs à la vue.

d) Une concession aurifère dénommée la Hechicera et concédée par le Gouvernement vénézuélien à Messieurs de Lichtemberg et Rouberol, par un acte en date du 20 décembre 1905, d'une superficie de 4 km². Les parties contrôlées, d'une superficie de 15 hectares accusent 90.000 tonnes d'alluvion d'une teneur moyenne de 20 francs d'or à la tonne, soit 1.880.000 francs d'or à la vue.

e) Une concession aurifère dans le lit du Cuynni et du Yuruan, accordée à titre provisoire au colonel Labady Perez.

Messieurs de Lichtemberg et Rouberol ont acquis de ce dernier, par contrat, la rétrocession de ses droits à l'exploitation de ce gîte et à l'obtention du titre définitif.

f) Une option consentie à M. de Vinzelles par MM. Pietrantoni Hermanos, Fericeli et Cassanova à la date date du 1er décembre 1906, pour l'achat, moyennant la somme de 13.000 francs, d'une savane dénommée savane d'Arapaco, d'une superficie d'environ 6.600 hectares. Cette savane, comprenant 3 maisons d'exploilation et corales (parcs à bétail), se trouve à 34 km au nord de El Dorado. Elle forme l'étape entre le siège de l'exploitation et Tumeremo, chef-lieu du district et centre de ravitaillement. Elle assure ainsi nos communications avec ce dernier centre, et le pacage du bétail nécessaire à l'alimentation du personnel.

g, Le bénéfice des prospections, études et travaux effectués depuis 1902 par MM. de Lichtemberg et Rouberol qui sont attachés par contrat en date du 1 janvier 1907 à servir la Compagnie en qualité de directeurs pendant cinq années.

h, Le rapport de contrôle des études et devis de M. le commandant Lyon pour l'exploitation et la mise en valeur des concessions.

i, Les valeurs en matériel, embarcations, meubles, immeubles, cheptels, plantations, avances aux péones se montant à 89.000 francs suivant inventaire contradictoire dressé par MM. L. R. et le commandant Lyon.

j, Paiement du personnel d'exploitation ou de gardiennage jusqu'au 31 décembre 1906.

k, Rémunération de concours et frais pour l'organisation de la Compagnie fixée à 90.000 francs en actions.

Le tout cédé à la Compagnie suivant contrat avec les vendeurs pour la somme de 340.000 francs dont en espèces ..	110.000	
En actions libérées	230.000	
§ 11. — WORKING CAPITAL	340.000	340.000

1° DÉPENSES PRÉVUES POUR LE BALATA ET LES BESOINS GÉNÉRAUX DE L'EXPLOITATION

a, Approvisionnement en animaux de boucherie pour la nourriture des hommes et du personnel .... Fr.	16.400	
b, Acquisition de la savane d'Arapaco dont il est parlé au paragraphe *f*, du chapitre précédent..................	13.000	
c, Matériel de transport, animaux de bât ou de trait et charrettes..	14.240	
d, Achat de comptes de péones et avances aux travailleurs.	22.200	
e, Fonds de roulement et réserve	40.000	
	105.840	

2° CAOUTCHOUC

Pendant les quatre ans de leur séjour à El Dorado, MM. de Lichtemberg et Rouberol ont reçu plusieurs fois des caravanes d'Indiens Arecunas qui leur ont apporté des lotins de caoutchouc sous forme de boules composées de lanières enroulées.

Ce caoutchouc échangé à El Dorado contre marchandises à une valeur d'à peine 1 franc le kilo a été vendu en Europe 9 fr. 25 et 9 fr. 75 le kilo à une époque où le para valait 11 fr. à 11 fr. 25 (juillet 1903) (1).

Il serait alors possible d'établir des communications régulières avec les Indiens Arecunas et d'organiser des relations commerciales avec eux. pour dériver vers El Dorado le courant d'échange qui, actuellement, en raison des approvisionnements plus faciles pour les Indiens, suit le Caroni.

Nous prévoyons pour cette exploration et pour l'achat du caoutchouc, une somme de 50.000 francs..............	50.000	

Après vérification des renseignements des indigènes et prospection des territoires producteurs de caoutchouc, la Compagnie pourra, si elle le juge opportun s'assurer par une concession forestière selon les lois du Venezuela, un droit exclusif d'exploitation des forêts.

Total afférent aux concessions forestières	155.840	155.840

(1) Le para vaut aujourd'hui 14 à 14 fr. 50 le kilo.

A reporter. 495.840

Report....... 495.840

CONCESSIONS AURIFÈRES.

Les deux concessions la Hechicera et la Perseveranza représentent la même étendue et la même production journalière.

Nous emploierons pour les deux Pintas le même procédé de traitement, c'est-à-dire transport par voie ferrée de l'alluvion jusqu'au fleuve situé à 2.500 mètres environ, et lavage des terres près du fleuve dans des sluices perfectionnés.

Les dépenses prévues pour l'achat du matériel, son transport, droits de douane, installation et montage pour les deux Pintas se décomposent ainsi :

I Matériel d'exploitation aurifère....................	82.939	
II Droits de douane et transports à pied d'œuvre dudit matériel................................	95.700	
III Achat de mules et bœufs pour l'exploitation........	12.200	
IV Travaux de montage et construction de logements pour le personnel..................................	50 000	
V Frais généraux jusqu'au moment de la mise en marche (10 mois).............................	26.000	
VI Atelier de réparation y compris les droits de douane et transport jusqu'au Placer	16.098	
VII Matériel de prospection sur place................	4.661	
VIII Canot à moteur à pétrole rendu El Dorado........	20.552	
IX Approvisionnements divers, combustibles..........	10.000	
X Fourniture de bureau............................	1.900	320.041
XI Fonds de roulement et capital disponible...........		377.119
XII Frais de constitution		15.000
XIII Publicité et frais préliminaires de la société.......		42.000
Total égal au capital........................ Fr.		1.250.000

§ III. — BÉNÉFICES

Balata. — L'étude de M. le commandant Lyon sur l'exploitation Balata, prévoit la production annuelle de 100 tonnes de cette gomme avec un personnel de 150 à 200 péones.

Le prix de revient, tel qu'il ressort de trois années d'exercice, se monte à 148 francs par quintal de 46 kilos soit 3 fr. 22 le kilogs rendu sur les marchés d'Europe. Le prix de vente sur le marché de Hambourg est de 3 m. 81 soit 4 fr. 76 le kilo, chiffre établi sur la moyenne des dix dernières années. Déduction faite de 3, 5 0/0 d'escompte et frais incombant au vendeur, il reste net 1 fr. 38 par kilo ou 1.380 francs par tonne.

Il faut cependant compter avec l'irrégularité des saisons des pluies, qui peut réduire la récolte d'une année. L'expérience a montré que, dans cette région, on peut compter sur deux bonnes récoltes pour trois années, le résultat de la troisième année pouvant être réduit de 50 0/0.

Tenant compte de ce facteur dans notre évaluation, nous réduirons la production annuelle à 85 tonnes, laissant net 1.380 fr. par tonne soit..Fr. 117.300

Observons ici que le prix payé aux travailleurs n'est presque jamais versé en argent.

Dans les cas les plus favorables pour les péones, ceux-ci reçoivent environ 30 0/0 en argent, le reste est payé en marchandises fournies par la Compagnie.

Il y a là une source de bénéfices dont il est fait état plus loin sous le titre Pulperia (maison de Commerce).

A reporter.......................... 117.300

Report.................. 117.300

§ IV. — CONCESSIONS AURIFÈRES

Placer la « Hechicera ». — Le matériel est prévu pour traiter 100 tonnes d'alluvion par journée de 10 heures.

La teneur moyenne de 90.000 tonnes d'alluvion échantillonnées en détail par M. Lyon et dont les prises d'essais ont été analysés à Paris par MM. Morin frères, experts de la Banque de France, est de 9 gr. 335 d'or à 955/1000e par tonne, soit 30 fr. 113, soit donc par jour.......................................Fr. 3.011 30

Placer « Perseverancia ». — Le matériel est identique à celui du placer Hechicera.

La teneur moyenne des alluvions, comme il ressort du tableau de la page 35 du rapport de M. Lyon, est de 33 fr. 75 d'or à la tonne.

La production journalière sera donc de.... .... 3.375 »

Soit par jour pour les deux placers.................. 6.386 30

Les dépenses journalières s'établissent pour chaque placer de la façon suivante :

	50 hommes à 10 francs.............Fr.	500	»
	10 mules (entretien et conduite).......	80	»
Force motrice	combustible........	50	»
	1 mécanicien......	12	50
	2 chauffeurs à 10 francs............ ..	20	»
	Réparation et entretien...............	40	»
	Droits, frets et assurances, 12 0/0......	382	50
	Lavage (service des sluices, 6 hommes).	60	»
	Amortissement....	152	»
	Frais généraux......................	50	»
	Imprévu.............................	50	»
	Total..........Fr.	1.397	»

soit 1.397 fr. par jour.

Et pour les deux placers .... Fr. 2.794

La production journalière pour les deux placers étant de.. 6.386 30

Les dépenses de...... .... Fr. 2.794 »

Il restera donc un bénéfice journalier de........... 3.592 30

Le travail de lavage est continu cependant nous devons tenir compte d'arrêts possibles, (accidents réparations, etc.). Nous ne compterons que 300 jours effectifs de travail.

Soit pour les deux placers un bénéfice annuel de 1.077.690

Note. — Le capital employé sur les placers, est amorti au bout de trois ans.

C'est là une mesure de prudence excessive.

En effet: 1° Les prospections de MM. de Lichtenberg et Rouberol nous permettent de compter sur de nouveaux placers dans le voisinage des deux premiers, et sur les mêmes concessions, qui assureront la suite de l'exploitation avec le même matériel.

2° Le gros du matériel est composé de rails et wagonnets dont la durée de service est de plus de dix ans.

A reporter.............. 1.194.990

Report........ 1.194.990

En effet, la Compagnie du Callao se sert encore aujourd'hui de voies ferrées établies en 1888.

Néanmoins nous nous en tenons aux prévisions de dépenses du rapport et portons pour chaque placer l'amortissement à 152 fr. par jour.

Il est une autre source de bénéfices que nous ne portons que pour mémoire.

A la page 39 du rapport, on lit ce qui suit : « Les sluices n'ex-« traient que l'or libre contenu dans les sables ; ils rejettent les quartz « pour lesquels, remarquons-le bien, il n'y a ni frais d'extractions ni « frais de transports, ce qui abaisse notablement le prix de revient. « On installerait au même point un petit moulin de 12 chevaux qui « traiterait aussi les quartz provenant des sluices de Hechicera. »

PULPERIA (Magasin de Commerce)

La Pulperia est un magasin de détail, sorte d'économat tenu par la Société et dans lequel on vend aux péons (ouvriers) tout ce dont ils ont besoin (vivres, effets, etc.), avec un bénéfice moyen de 50 0/0. Le personnel ouvrier environ 300 hommes, forme la clientèle de ce magasin et y laisse la plus grande partie des paiements que lui fait la Compagnie, atténuant ainsi dans une large mesure le prix de la main-d'œuvre.

En somme, comme le dit M. Lyon dans son rapport (page 16): « La « Pulperia constitue toujours une source de bénéfices sérieux pour « la Société et dans les mauvaises années une sortes de volant qui « atténue toutes les pertes d'une façon appréciable. »

En estimant le personnel balatiste à 200 hommes, dont la dépense, pendant les cinq mois de la saison propice à l'extraction du lait est d'environ 3 fr. 50 par homme et par jour, nous avons un total de dépenses de fr. 105.000 laissant un bénéfice moyen de 50 0/0, soit .... F. 52.500

Le personnel mineur sera d'environ 50 hommes par placer, soit 100 hommes pour les deux pendant toute l'année. Le mineur dépense environ 4 fr. par jour, nous avons donc pour 100 hommes pendant l'année, 146.000 fr. de dépenses laissant, à 50 0/0, 73.000 de bénéfice.

Un personnel de 300 hommes laisse donc à la pulperia un bénéfice de.. 125.500
compensant les frais de l'exploitation.

Total des bénéfices.............. Fr. 1.320.490

Ces bénéfices sont calculés déduction faite de tous frais de production et de personnel, moins les frais d'administration afférents au siège d'exploitation et estimés à........................ 36.000

A reporter............ 1.284.490

Report..........		1.284.490

Il reste à déduire les frais généraux d'Europe, qui s'établissent comme suit :

Siége social et secrétaire à Londres	1.500	
Direction et personnel à Paris	8.000	
Location de bureau	1.800	
Frais de bureau	1.500	
Impôts	1.000	
Conseil d'administration	10.000	
Commissaire	3.000	
Imprévu	3.200	
Total.... Fr.		30.000
Reste net		1.254.490
5 0/0 Au Conseil d'administration	64.524 50	
10 0/0 Aux directeurs de l'exploitation	129.049 »	
15 0/0 A la réserve	193.573 50	
	387.147 00 =	387.147
Net à distribuer aux actionnaires.	=	867.343

CONCLUSION

Les évaluations de bénéfices que nous avons résumées ci-dessus ressortent de l'étude détaillée de l'affaire. Toutefois, ces chiffres ne seront atteints ou dépassés que lorsque les deux placers seront en pleine expoitation.

Afin de ne pas disperser les efforts du personnel, un seul placer sera attaqué tout d'abord.

Ce n'est que lorsqu'il sera en pleine exploitation, au bout de dix mois environ, qu'on procédera à l'installation et au montage du matériel de l'autre placer.

Pour la première année d'exploitation, il est donc difficile d'estimer la part de bénéfices qu'apportera l'exploitation or ; en ne faisant fond que sur les bénéfices du balata et de la Pulcéria, il serait toujours possible de distribuer dès ce premier exercice environ de 10 0/0 aux actionnaires. Le second exercice qui comprendra la marche effective d'un placer promet une distribution de dividendes d'environ 40 0/0.

Ce n'est qu'à partir de la troisième année alors que l'exploitation battra son plein, que l'on atteindra et dépassera le rendement d'environ 70 0/0, estimation qu'autorisent les analyses de MM. Morin frères, experts de la Banque de France, dont les tableaux ci-annexés relevent les résultats.

CARTE GÉNÉRALE DE LA GUYANE VÉNÉZUÉLIENNE

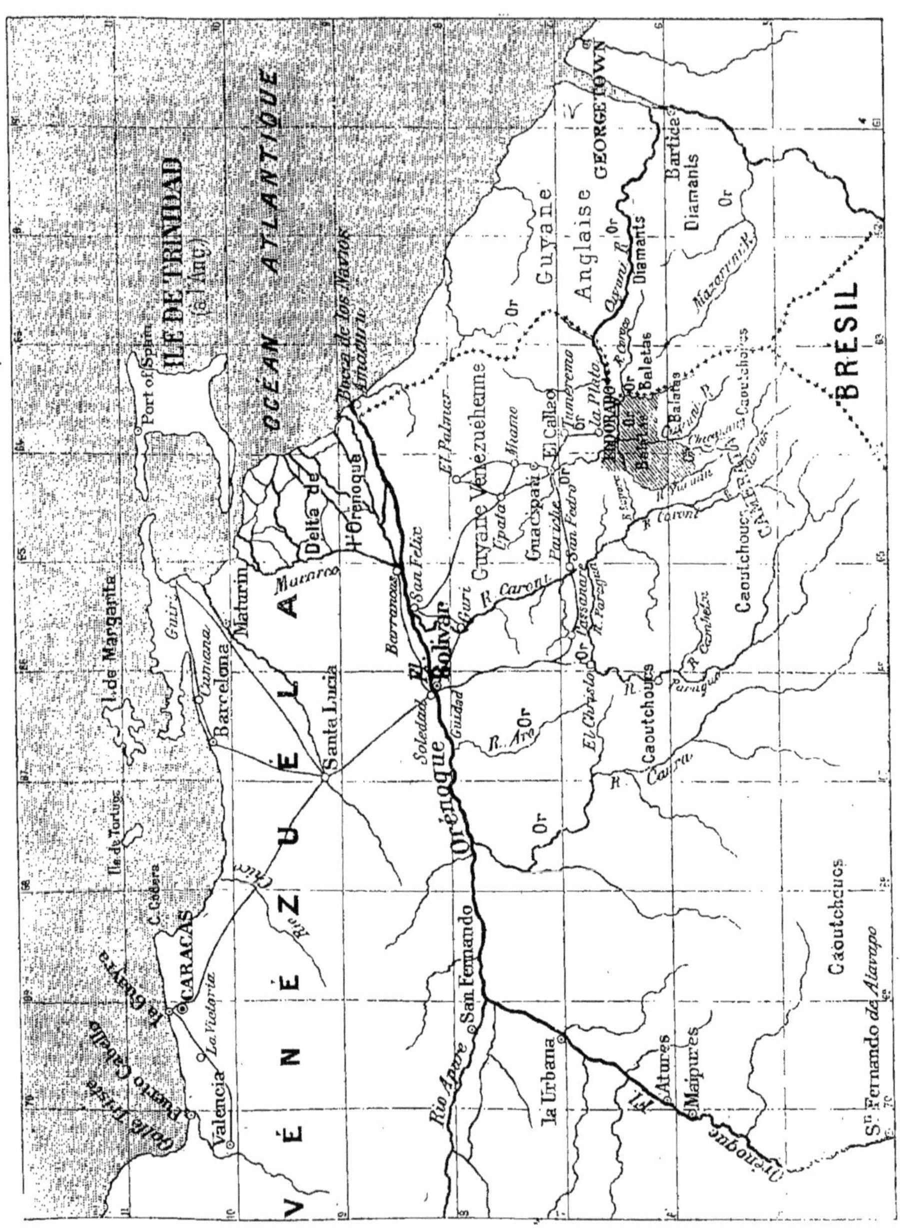

Concessions accordées.
Routes charretières.
Fleuves
Côtes.

Les concessions sont sur la frontière anglo-vénézuélienne et dépendent du fleuve Cuyuni qui se jette à la mer à Bartica dans l'estuaire de l'Essequibo.

La navigation libre sur le Cuyuni, que le gouvernement a promis d'accorder, nous mettrait à 6 jours de Georgetown, capitale de la Guyane anglaise.

PLACER PERSEVERANCIA

TABLEAU comparatif des estimations de M. le Commandant LYON et des analyses de MM. MORIN Frères.

NUMÉROS DES BARRANCOS	STÉRILE	ALLUVION	TOTAL	TENEUR ESTIMÉE	ÉCHANTILLON TÉMOIN	ANALYSE MORIN	NUMÉROS DES BARRANCOS	STÉRILE	ALLUVION	TOTAL	TENEUR ESTIMÉE	ÉCHANTILLON TÉMOIN	ANALYSE MORIN
3	35	25	60	25	E	192	44	50	30	80	15	E	340
4	1.00	57	1.57	75	E¹	206	45	2.10	0	2.10	0		
5	1.00	60	1.60	50	E	186	46	50	50	1.00	12.5	E	97
6	1.00	60	1.60	50	E	156	47	1.20	40	1.60	12.5		
7	1.00	60	1.60	50	E	173	48	1.40	0	1.40	0		
8	0	40	40	42			49	1.40	65	2.05	25	E	14
9	0	65	65	0			50	40	57	97	25		
10	1.30	70	2.00	50			51	60	56	1.10	50	E	76
11	50	50	1.00	41			53	40	30	70	25	E	282
12	1.35	80	2.15	25	E	148	54	30	30	60	40	E	222
13	95	65	1.60	1.00	E²	258	57	70	60	1.30	50	E	93
15				1.50			58	0	25	25	12.5		
16	1.20	70		35	E	242	59	40				E	212
17	1.00	55		25	E	147	62	1	25	1.75		E	156
18	2.00	65	2.65	1.25			63				10.5		
19	60	70	1.30	75			64				15		
20	80	60	1.40	50			66	20	40	60	25	E	267
21	1.10	55	1.65	25	E	222	67	65	75	1.40	12.5	E	66
22				50			68	60	55	1.15	62.5	E	200
23	1.20	1.00	2.20	50			69	0	15	15	12.5		
24				25			70	35	40	75	25		
3ter				0			71	1	30	1.30	25		
25	0	75	75	0			72	90	50	1.40	25		
26				25	E	445	73	40	60	1.00	62.5		
27¹	0	65	65	5	E	239	75	80	60	1.40	35		
27²	0	65	65	50			76		40		12.5		
28	30	45	75	25	E	149	79	0	40	40	10		
32	1.00	60	1.60	35	E	204	80	0	40	40	10		
33	0.90	50	1.40	50	E	178	81	0	40	40	10		
34	2.00	60	2.60	25	E	177	83	0	46	46	37		
39	1.50	60	2.10	25			84	45	55	1.00	0		
40	80	70	1.50	25			85	25	15	40	39		
41		40	40	12.5			87	0	60	60	30		
43	80	75	1.55	30			88	0	60				
90	40	36	76				97				22		
3ter	35	25	60	25			98				44.5		
91				41			99				45		
92				41			100				44.5		
93				41			101				44.5		
							102				44.5		

NOTA. — 1° Les échantillons proviennent tous d'une seule batée, sauf les nos 4 et 13 qui proviennent de deux batées ;

2° La batée représente 10 kil. de terre environ ;

3° La teneur dans l'estimation de M. Lyon est exprimée en centimes ;

4° L'expertise de MM. Morin est exprimée en milligrammes ;

5° Teneur moyenne à la tonne suivant les chiffres d'estimation de M. Lyon, fr. 33 75 ;

6° Teneur moyenne à la tonne suivant les expertises de MM. Morin, fr. 57 21 ;

7° La différence considérable entre les deux résultats s'explique par ce fait que la batée, par suite de l'épaississement de l'eau en lavant au même endroit, perd les 4/5 de l'or fin que l'analyse chimique récupère ainsi que l'or invisible contenu dans les sables noirs ;

8° Les Bulletins de MM. Morin frères nos 29.109 à 29.136 sont à la disposition des souscripteurs dans les bureaux de la Compagnie ;

9° Bulletin de MM. Morin frères, no 28.158 : Diorite or, 76 gr. à la tonne.

HECHICERA

Tableau des résultats des analyses

DE

MM. MORIN Frères, EXPERTS DE LA BANQUE DE FRANCE

Suivant certificats déposés aux Bureaux de la Compagnie

Hechicera : Bulletins Nos 27.204 à 27.207
» » 27.557 à 27.591

ALLUVION : Teneur moyenne à la tonne : 9 grammes 355 (*voir le tableau ci-dessous*).
QUARTZ : Bulletin N° 27.202.
OR : 69 grammes par tonne de minerai.

NUMÉROS des EXPERTISES	RÉSULTAT en MILLIGRAMMES	NOMBRE de batées A L'ÉCHANTILLON	TENEUR PAR BATÉE	TENEUR à la tonne EN GRAMMES	NUMÉROS des EXPERTISES	RÉSULTAT en MILLIGRAMMES	NOMBRE de BATÉES	TENEUR PAR BATÉE	TENEUR à la tonne EN GRAMMES
1	659	16	0,041	4,100	23	242	2	0.121	12,100
2	254	9	0,028	2,800	24	112	3	0,037	3,700
3	232	10	0,023	2,320	25	351	3	0,117	11,700
4	506	8	0,063	6,300	26	232	1	0,232	23,200
5	324	3	0,108	10,800	28	379	4	0,095	9,500
7	173	2	0,086	8,600	29	184	3	0,061	6,100
8	606	4	0,151	15,100	30	254	4	0,063	6,300
9	407	2	0 203	20,300	31	201	4	0,050	5,000
10	291	9	0,032	3,200	32	233	3	0,077	7,700
11	467	3	0,155	15,500	33	92	3	0,031	3.100
12	676	5	0.136	13,500	37	272	3	0,091	9,100
13	133	4	0,034	3,400	43	476	6	0,079	7,900
14	406	3	0,135	13,500	44	157	2	0,078	7,800
15	733	6	0,122	12,200	45	262	3	0,087	8,700
16	224	4	0,056	5,600	46	282	2	0,141	14,100
17	239	4	0,060	6,000	47	344	2	0,172	17 200
18	162	3	0,054	5 400	49	234	3	0,078	7,800
20	833	3	0,294	29.400	50	148	3	0,049	4,900
21	165	2	0,082	8,200	51	238	4	0,059	5,900
22	270	4	0,067	6,700					

Teneur moyenne à la tonne : 9 gr. 355 à 955/1000, soit francs : 30 11.

Imp. Wellhoff et Roche, 121, Bd de la Chapelle. Tél. 441-86.55, R. Fromont, Levallois. Tél. 518 15.

www.ingramcontent.com/pod-product-compliance
Ingram Content Group UK Ltd.
Pitfield, Milton Keynes, MK11 3LW, UK
UKHW012042240726
13965UKWH00003B/992

9 782013 616683